中学生のための スイーツの教科書

13歳からのパティシエ修業

おかやま山陽高校製菓科 編

吉備人出版

はじめに

　『中学生のためのスイーツの教科書』は、お菓子作りが大好きで、将来、お菓子作りを仕事にしたいと思っている人のために書かれた、お菓子作りの入門書です。
　もちろん、入門書だからといって、子どもだましの内容ではありません。レシピを監修しているのは、洋菓子店やホテルでパティシエ（菓子職人）として勤務し、多くの弟子や後輩を育ててきたプロの先生たちです。
　この本では、プロのパティシエが自分の弟子を育てるときに、必ず知っておいてほしい、覚えておいてほしいと考える知識や技術を、実際にお菓子を作る作業を通じて、基礎から順を追って正しく身につけられるように解説してあります。
　読者のみなさんは、プロのパティシエの弟子になったつもりで、素直な気持ちで、一つひとつのレシピに丁寧に取り組んでみてください。失敗することがあるかもしれませんが、最初からうまくできる人などいません。あきらめず、なにが原因だったのかを考えながら、何度も挑戦してください。そうすればきっと、あなたの大切な人、大好きな人を笑顔にできる、素晴らしいお菓子が作れます。
　この本が、あなたにとってのパティシエ修業の第一歩として役立ってくれることを心から願っています。
　さあ、それでは授業を始めましょう！

おかやま山陽高校　製菓科

Message

　はじめまして。みなさんのお菓子作りをお手伝いするナビゲーターの夢咲あんずです。私は、おかやま山陽高校の製菓科を卒業して、子どものころからずっと憧れていたパティシエになりました。プロのパティシエになって3年目。先輩から教えてもらうこともまだまだ多くて勉強の毎日ですが、休みの日も家でオリジナルスイーツを考えているくらい、お菓子作りが大好きです。

　お菓子作りの一番の魅力は、人を笑顔にできること。ぜひ、この本で学んだレシピで、大切な友達や家族を笑顔にしてあげてください。そして将来、もし、私のようにプロのパティシエになったら、あなたの作るお菓子で、お客さまも笑顔にしてあげてくださいね。

先輩パティシエ プロフィール

夢咲 あんず　ユメサキ・アンズ

年齢	21歳
出身校	おかやま山陽高校 製菓科
職業	パティシエ
勤務先	倉敷美観地区にある老舗パティスリー（マカロンが人気です）
キャリア	3年目
得意なお菓子	ミルフィーユ（最近、自信がついてきました）
将来の夢	地元の街でパティスリー＆カフェをオープンすること。

Table des Matières

Prologue はじめに　　3
Message　　4

Chapitre I

お菓子作りに必要な道具……………………………………… 8
お菓子作りに必要な材料……………………………………… 13
下準備の基本………………………………………………… 17
パティシエの専門用語………………………………………… 18
衛生管理……………………………………………………… 20

Chapitre II

　　　　　　●生クリームの泡立て方 ……………………………… 22
Lesson 1　グルテンの特性を知る＊クレープ Crêpe ……………… 24
Lesson 2　メレンゲに挑戦する＊パンケーキ Pancake …………… 28
Lesson 3　クレーム・パティシエールを炊く
　　　　　　＊ミルクレープ Mille Crêpes …………………… 32
Lesson 4　オーブンの使い方を覚える＊マドレーヌ Madeleine……… 36
Lesson 5　別立て法で生地を作る＊ブッセ Bouchée …………… 40
　　　　　　●しぼり袋の使い方 …………………………………… 43
Lesson 6　共立て法で生地を作る
　　　　　　＊いちごのショートケーキ Gâteau aux Fraises ………… 44
Lesson 7　バターと卵を乳化させる＊パウンドケーキ Pound Cake … 50
Lesson 8　ゼラチンを使って冷やし固める
　　　　　　＊マンゴープリン Mango Pudding …………………… 54
Lesson 9　きれいなシューを焼く＊シュークリーム Chou à la Crème… 56
Lesson10　イタリアンメレンゲに挑戦する＊マカロン Macaron …… 60
Lesson11　クレーム・アングレーズを炊く
　　　　　　＊スフレチーズケーキ Soufflé au Fromage …………… 66

Lesson12　サクサクのタルト生地を作る
　　　　　＊タルトフリュイ Tarte aux Fruits ……………………… 70
Lesson13　折り込みパイ生地を作る＊ミルフィーユ Mille-Feuille … 76
Lesson14　ムースでケーキを組み立てる
　　　　　＊いちごのムース Mousse à la Fraise ………………… 82
Lesson15　基本のマジパン細工を覚える＊マジパン Marzipan ……… 90
　　　　　●ウサギとクマが作れたら、いつかこんなマジパンも！ ……… 94

Chapitre III

パティシエへの道　The Road to Pâtissier

パティシエの資格……………………………………………………………… 98
学校で技術と知識を身につける……………………………………………… 99
パティシエの修業の場………………………………………………………… 99
パティシエのコンテスト……………………………………………………… 100
パティシエという仕事の魅力………………………………………………… 101
自分のお店を開業する………………………………………………………… 102

●コラム１　おいしいお菓子は正確な計量から　　39
●コラム２　製菓の化学① 焼成を理解しよう　　53
●コラム３　世界のスイーツ大集合！海外で愛されるお菓子たち　　64
●コラム４　製菓の化学② 乳化を理解しよう　　75
●コラム５　製菓の化学③ 凝固　　81
●コラム６　お菓子作りに使われる代表的なチーズ　　89
●コラム７　二人の結婚を祝福する最高のウェディングケーキ　　95
●コラム８　パティスリーの１日　　96
●コラム９　パティシエは一生続けられる仕事？　　103

カバーイラスト／キャラクター：アサミ
イラスト：銀杏早苗、仲田未来
写真撮影：臼杵和弘、幡山正人
動画撮影：落田俊介

Chapitre I

お菓子作りに必要な道具

この本の中で紹介する15種類のお菓子を作るときに必要な道具です。お菓子作りに使う基本的な道具ばかりですので、一度そろえておくと便利です。

はかる

はかり（スケール）

1g単位で計量できるデジタル式がおすすめ。

計量スプーン

大さじ15ml、小さじ5mlが基本。小さじ1/2や1/4の小さなスプーンがセットされているとさらに便利。

計量カップ（メジャーカップ）

1カップ＝200mlが標準。

キッチンタイマー

細かい時間設定が大切なお菓子作り。生地を寝かせる時間など、タイマーにセットしておくと忘れない。

温度計（製菓用）

生地やチョコレートの温度を測る。200℃まで測れるスティックタイプのデジタル温度計が便利。

ものさし

生地の大きさ、長さを測るときに使う。衛生的なステンレス製で長さ30cmのものがおすすめ。

角材（1cm角）

あて木。生地を均一の厚さに切るときに使う。長さ30cmで2本必要。プロのパティシエは金属製のものを使うが、ホームセンターなどで手軽に買える木製の角材でもよい。

ふるう、こす

粉ふるい（パソワール）

小麦粉などの粉類をふるうだけでなく、牛乳や卵の裏ごしにも活躍する。

茶こし

お菓子の仕上げに、粉糖をふるうときなどに使う。

まぜる

ハンドミキサー

ホイッパーでは時間がかかって難しいメレンゲの泡立てなどに使う。

ホイッパー（フエ）

泡立てる、混ぜるというお菓子作りの基本動作に欠かせない道具。

スケッパー、カード

切る、混ぜる、表面をならすの3役をこなしてくれる。

ボウル

熱の伝わりが良いステンレス製のものがおすすめ。大小3種類くらいのサイズがあるとよい。

ゴムべら（マリーズ）、木べら

きちんと混ぜる、型に移すという作業に欠かせない必需品。

レードル（おたま）

やわらかい生地を型に流し入れるときなどに使う。

のばす

めん棒
タルト生地などを均一に伸ばすときに使う。

ピケローラー
パイやタルトを焼くとき、生地に小さな空気穴を開ける器具。

ペストリーボード
丸型のガイドやメジャーが付いているので、大きさや長さを測りながら伸ばせる便利な台。木製やプラスチック製がある。

焼く、固める

焼き型には、さまざまな大きさや容量のものがあり、ブリキ製やステンレス製のほか、シリコン製も販売されている。マンゴープリンに使うプリンカップには、プラスチック製やガラス製などがある。ここでは、今回使用するサイズに合わせて紹介する。

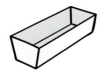
パウンドケーキ型（16cm）

マドレーヌ（シェル）8個型

マドレーヌ型（アルミ製）
アルミ製で使い捨てタイプのマドレーヌ型。

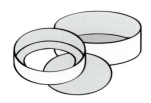
デコレーション型（底取型・共底型）
底の部分が取り外せる**底取型**と、取り外せない**共底型**がある。

タルト型（6.5cm）
タルト生地をしきこんで焼く。いろいろな形やサイズの型がある。

ケーキクーラー
焼き上がったお菓子を置いて、冷ますために使う。

抜き型（セルクル）

クッキーやタルトなどの生地を型抜きするときに使う。丸、菊、長角、四角、ハート、星など、形もサイズも種類豊富。直径3cm〜6cmの丸形がいろいろに使えて便利。

ムースフィルム

ムースに使う透明なフィルム。厚みのあるフィルムなら、セルクルとしても代用できる。

敷紙（しきがみ）

型の内側にしいて、焼き上がった生地を取り出しやすくする。型の大きさや形に合わせて市販のものを購入するか、オーブンシート（クッキングシート）を型に合わせて切って作る。

天板（てんばん）

家庭用オーブンに付属のものを使う。

オーブンシート

お菓子をオーブンで焼くときに天板にしいて使うほか、焼き型に合わせて切り、敷紙としても使う。

プリンカップ（150ml）

プラスチック製、ガラス製、アルミ製などがある。

飾る、しぼる

口金（くちがね）

デコレーションの生クリームをしぼるときだけでなく、生地を丸くしぼり出すときにも必要な口金。12mm、10mm、8mmの丸口金、10mmの星口金の4種類があれば、ほとんどのお菓子がカバーできる。

しぼり袋

口金と一緒に使う。衛生的な使い捨てしぼり袋がおすすめ。

ハケ

生地にシロップをぬったり、型にバターをぬったりするときに使う。

飾る、しぼる

パレットナイフ（スパテラ）
スパチュラとも呼ばれ、ケーキにクリームをぬって仕上げるときなどに使う。

回転台
ケーキのまわりにクリームをぬるときに使う。ホームセンターにある陶芸用の回転台（ろくろ）でもよい。

マジパンスティック
目のくぼみを作ったり、口を描いたり、マジパン細工には欠かせない道具。用途の違う5～6本がセットになっている。

切る

ウェーブナイフ（パン切り包丁）
パンを切るときに使う包丁は、ジェノワーズ（スポンジ生地）をスライスするときにも便利。ブレッドナイフとも呼ばれる。

ペティナイフ
サイズが小さく、刃の先端がとがっているので、デコレーションに使うフルーツを切るときなど、細かい作業がしやすい。

ここで紹介した道具の価格はメーカーによりさまざまですが、100円～3000円程度で購入できます。100円ショップやホームセンターで手に入る商品も多いので、予算に合ったものを探してみてください。これらの道具以外に、まな板、片手鍋、おろし金、フォークなども使いますが、家庭にあるものを利用してください。

お菓子作りに必要な材料

お菓子作りに使う主な材料です。今回紹介する15種類のお菓子を作るときにも使います。ほとんどが一般的なスーパーマーケットで手に入りますが、特に★の付いた材料などがスーパーで見つからないときは、製菓材料専門店で購入してください。表示している価格は、参考価格です。

バター

お菓子作りには、基本的に無塩（食塩不使用）タイプのバターを使う。
価格／200g：500円程度

生クリーム

今回紹介するレシピでは、原材料が生乳で乳脂肪分38％または40％のものが望ましい。
価格／200ml：380円程度

クリームチーズ

やわらかく、なめらかなチーズで、チーズケーキなどによく使われる。
価格／200g：400円程度

牛乳

生乳100％の成分無調整タイプを使う。成分を調整した低脂肪牛乳や無脂肪牛乳はお菓子作りには不向き。
価格／1ℓ：200〜250円程度

上白糖（じょうはくとう）

家庭で一番よく使われている砂糖。グラニュー糖より粒が小さく、しっとりしている。こげやすく、焼き色もつきやすい。味にコクがあり、甘みも強い日本固有の砂糖で、海外にはない。
価格／1kg：230円程度

グラニュー糖（グラニュ糖）

お菓子作りに使う基本の砂糖。上白糖より粒が大きく、さらさらしている。甘みがあっさりしていて、こげにくく、焼き色もつきにくい。
価格／1kg：280円程度

粉糖（パウダーシュガー）

グラニュー糖などを砕いてパウダー状にした粒子の細かい砂糖で、溶けやすいのが特徴。お菓子の仕上げに、ふりかけて使うこともある。
価格／200g：200円程度

はちみつ

お菓子に独特の風味や甘み、しっとり感を与えてくれる。ミツバチが集めた花の蜜の種類によって味が大きく変わる。日本では、レンゲはちみつが代表的。
価格／250g：370円程度

水あめ

液状なので砂糖のように溶かす必要がなく、熱に強いため、お菓子に焼き色がつきにくい。麦芽糖を使った透明な水あめが一般的。
価格／250g：160円程度

塩

ごく少量を加えることで、甘みを引き出したり、生地に粘りを出したりする。
価格／1kg：200〜300円程度

薄力粉

お菓子に一番よく使われる小麦粉。サクサク、しっとり、ふんわりといったお菓子の食感は薄力粉ならでは。
価格／1kg：250円程度

強力粉

薄力粉よりたんぱく質を多く含み、水分が加わると粘り気が出る小麦粉。主にパン作りに使われるが、もっちりした食感を出すために、少量をお菓子に使うことがある。
価格／1kg：320円程度

コーンスターチ

トウモロコシから作られたデンプン。クレーム・パティシエール（カスタードクリーム）にとろみをつけるときなどに使う。
価格／180g：160円程度

ベーキングパウダー

ケーキやクッキーなどをふくらませる膨張剤の一種で、ふくらし粉とも呼ばれる。小麦粉などの粉類と一緒にふるってから使う。100gの小麦粉に対して2.5〜3g加えるのが基本。
価格／113g：380円程度

ナパージュ★

砂糖、水、ゼラチンで作られた透明な液体で、デコレーションケーキに飾るフルーツなどにかけるとゼリー状に固まり、おいしそうなつやを与えて乾燥から守る。
価格／200g：540円程度

バニラペースト★

バニラビーンズの香りを抽出し、バニラの種と砂糖を加えて使いやすいペースト状に加工したもの。インターネットなどで購入可能。クレーム・パティシエール（カスタードクリーム）の香りづけに使われる。
価格／1本50g：800円程度

バニラオイル

油脂にバニラビーンズを漬け込んでエキスを抽出したもの。クッキーやタルトなどの焼菓子に使われる。アルコールにバニラビーンズを漬け込んでエキスを抽出したのがバニラエッセンス。
価格／1本30ml：390円程度

ココアパウダー

チョコレートの原料のカカオマスから脂肪分（カカオバター）をしぼり取った後、粉末状にしたもの。砂糖やミルクの入っていないものをお菓子の風味づけに使う。
価格／缶 100g：450円程度
　　　袋　40g：200円程度

アーモンドパウダー
（アーモンドプードル）

アーモンドの皮を取り除き、粉末状にしたもの。お菓子に豊かな風味としっとり感を与えてくれる。
価格／80g：470円程度

板ゼラチン（ゼラチンリーフ）

ムースなどを作るとき、ゼラチンを使って液体を固める。板ゼラチンは粉ゼラチンに比べて透明感が高く、口当たりがなめらか。氷水に約20分ひたしてやわらかくしてから、溶かして使う。粉ゼラチンのほうが固まる力は強い。
価格／30g：170円程度

製菓用チョコレート★

スーパーなどで販売されているのは製菓用ビターチョコレート（60g：250円程度）。この本のレシピで使われているカカオ55％のチョコレート（100g：400〜600円程度）は製菓材料専門店で購入できる。

ペクチン

フルーツソースやジャムを作るときに使い、液体をなめらかなゼリー状にする。
価格／44g：300円程度

卵

なるべく新鮮なものを使う。Mサイズの全卵1個分の重さは約55g。

> 板チョコレートなどと比べ、チョコレートの持つ酸味や苦味をより強く感じられるのが製菓用チョコレート。スイート、ミルク、ホワイトなどの種類があり、カカオバターを多く含むChocolat de Couverture（クーベルチュール・チョコレート）が製菓用として広く使われている。

食用色素（赤）
ピンク色のマカロンを作るときなどに使う粉末タイプの着色料。赤の食用色素は食紅とも呼ばれる。
価格／5.5g：150円程度

サラダ油
クレープやパンケーキを焼くときにフライパンにしく。
価格／1000g：320円程度

マジパン★
粉末のアーモンド、砂糖、卵白をこねてペースト状にしたもの。細工をして洋菓子の飾りに用いる。
価格／250g：620円程度

チョコレートペン
先を切ってペンのように使い、マジパンで作った動物の目玉や、ケーキやクッキーにメッセージなどを描く。
価格／1本12g：100円程度

マンゴーピューレ★
砂糖を加えて煮たマンゴーを裏ごししたもの。マンゴーの缶詰をシロップごとミキサーにかけて使ってもよい。
価格／360g：650円程度
　　　缶詰 425g：220円程度

冷凍ラズベリー★
生のラズベリーが手に入らないときに便利。色もきれいで、ほどよい酸味があり、いろいろなお菓子やデザートに使える。
価格／500g：1400円程度

製菓用ブランデー
香りづけに使われるアルコール度数40度前後のお酒。加熱するとアルコール成分は消え、フルーティーな香りだけが残る。
価格／100ml：300円程度
※製菓用でも未成年は購入できないので、お父さん、お母さんに買ってもらいましょう。

下準備の基本

お菓子作りで繰り返し行われる基本作業を紹介します。前もって準備をし、効率よく作業することが、おいしいお菓子のできあがりにつながります。まずは、レシピを確認し、必要な道具をそろえることから始めましょう。

材料を計量する

重さや量をはかることを計量するという。ルセット（レシピ）を見て必要な材料を確認し、分量をはかっておく。慣れるまでは、すべての材料をあらかじめ計量しておくと、段取りよく作業が進められる。

型の準備をする

型を用意し、必要に応じてバターをぬったり、敷紙やラップをしいたりしておく。

オーブンを予熱する

十分に温まっていないオーブンでお菓子を焼くのは失敗のもと。ルセット（レシピ）に「160℃に予熱したオーブンで約40分焼く」と書かれていたら、予熱機能を使い、生地ができあがる前にオーブン温度を160℃に温めておく。

粉類をふるう

小麦粉やベーキングパウダー、コーンスターチなどの粉類は、粉ふるい（パソワール）を使ってふるっておくと、生地に混ぜやすくなる。

ゼラチンをふやかす

板ゼラチン、粉ゼラチンは事前にふやかしておく。板ゼラチンはたっぷりの氷水にひたして約20分、粉ゼラチンは分量の約5倍量の水の中に入れて約10分。詳しい下準備の方法はパッケージに書かれた説明をよく読んで確認を。

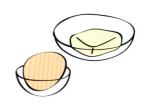

バターや卵を室温に戻す

冷蔵庫からバターや卵を取り出し、しばらく室内に置いておく。やわらかくなったバターは、空気を含んでほかの材料とよく混ざる。卵が冷たいと泡立ちにくくなるだけでなく、バターが固まって分離する原因にもなる。ただし、メレンゲ用には冷やした卵白を使う。

パティシエの専門用語

日本でも、菓子店をパティスリー（Pâtisserie）、菓子職人をパティシエ（Pâtissier）と、フランス語で呼ぶことが増えました。このように、お菓子作りの世界では、フランス語が共通語なのです。このページでは、これだけは知っておいてほしいパティシエが使う専門用語を解説しています。ぜひ、覚えておきましょう。

ルセット（Recette）
材料の分量や作り方を記したもの。レシピ。

ジェノワーズ（Génoise）
卵の卵黄と卵白を分けず、一緒に泡立てる共立て法で作るスポンジ生地。

ビスキュイ（Biscuit）
卵白と卵黄を別々に泡立てる別立て法で作るスポンジ生地。

クレーム・シャンティ（Crème Chantilly）
生クリームに砂糖を加えて泡立てたホイップクリーム。

クレーム・パティシエール（Crème Pâtissière）
卵黄、砂糖、牛乳、薄力粉などで作るカスタードクリーム。

クレーム・ダマンド（Crème d'Amandes）
アーモンドパウダーにバター、卵、砂糖を混ぜて作るアーモンドクリーム。タルトやパイなどのフィリング（中に詰めるもの）として使う。

クレーム・アングレーズ（Crème Anglaise）
卵黄、砂糖、牛乳などで作るカスタードソース。材料や作り方はクレーム・パティシエールと似ているが、あまりとろみがなく、生地に混ぜたり、お菓子に添えたりして使われることが多い。

ブランシール（Blanchir）
卵黄に砂糖を入れ、白っぽくなるまですり混ぜる作業。

セレ（Serrer）
ゆっくりと混ぜて、生地のキメを整える作業。

キャラメリゼ（Caraméliser）
お菓子の表面にふりかけた砂糖をバーナーや焼きゴテ、オーブンなどを使って焦がすこと。

ピケ（Piquer）
薄く伸ばしたパイやタルトの生地がオーブンの中で縮むのを防ぐため、フォークやピケローラーを使って全体に小さな穴を開ける作業。

エタレ（Étaler）
パイやタルトの生地を薄く伸ばす作業。

デセッシェ（Dessécher）
シュー生地を火にかけて混ぜながら、生地の余分な水分を飛ばす作業。

アンフュゼ（Infuser）
水や牛乳などの液体に、バニラやコーヒーなどで香りをつけること。

パッセ（Passer）
裏ごしする作業。

フォンサージュ（Fonçage）
薄く伸ばしたパイやタルトの生地を型に敷き込む作業。

アンビベ（Imbiber）
ジェノワーズ（スポンジ生地）にシロップを浸みこませる作業。

ナッペ（Napper）
ジェノワーズの表面に生クリームをぬる作業。

パイピング（Piping）

チョコレートやアイシングで文字を描くデコレーション技法の一つ。アイシングは、粉糖・卵白・水を混ぜて作り、着色することもある。

ブーレ・ファリーヌ

フランス語でブーレ（Beurre）はバター、ファリーヌ（Farine）は小麦粉のこと。敷紙がないときや、敷紙を使わないマドレーヌなどを焼くときに、バターに強力粉や薄力粉を混ぜたブーレ・ファリーヌを型にぬる。この作業をブーレ・ファリーヌと呼ぶこともある。

モンタージュ（Montage）

ケーキなどを組み立てて仕上げる作業。

テンパリング（Tempering）

チョコレートに含まれるカカオバターの結晶をもっとも安定した状態にする温度調整の作業のこと。つやがあり、なめらかな口当たりのチョコレートを作るために欠かせない作業。

ブルーム（Bloom）

テンパリングの温度調整がうまくいかなかったときに、チョコレートの表面に白い模様が浮き出る現象。

シュガーバッター法

パウンドケーキを作る手順で、バター・砂糖・卵・粉の順番に混ぜていく製法。キメが粗く、もろくてやわらかい生地になる。この本で紹介している方法。

フラワーバッター法

パウンドケーキを作る手順で、バターの中に小麦粉を入れ、卵に砂糖を溶かしたものを加えていく製法。キメの詰まった、しっかりとした生地が焼き上がる。

オールインワン法

パウンドケーキを作る手順で、卵に砂糖を溶かした中に小麦粉を入れ、溶かしたバターを加えて混ぜる製法。しっとりとコクのある生地が焼き上がる。

フィユタージュ・ラピッド

折り込みパイを作る製法の一つ。1cm角に切ったバターを小麦粉と一緒にざっくりとまとめて折り込んでいく。この本で紹介している方法。ラピッド（Rapide）はフランス語で速いという意味。

フィユタージュ・オルディネール

折り込みパイを作る製法の一つ。小麦粉と水を練ったものでバターを包み、折り込んでいく製法。一般的には3つ折りを6回繰り返す。

フィユタージュ・アンヴェルセ

折り込みパイを作る製法の一つ。オルディネールとは逆に、バターで生地を包み込み、折り込んでいく製法。バターが溶けやすく、技術が必要。

マカロナージュ（Macaronage）

生地とメレンゲの泡をつぶしながら混ぜ合わせ、生地の固さ調整をする作業。

衛生管理

パティシエがお菓子作りをするのは、食品を扱う厨房。いつも厨房内を清潔に保ち、材料をきちんと管理しなければ、食中毒が起こる危険性もあります。衛生管理もパティシエの大切な仕事です。服装や消毒に気をつけて作業をしましょう。

服装

パティシエのユニフォームであるコックコート、ズボン、エプロンを身につけ、髪の毛はすっきりとまとめてコック帽の中に入れ、清潔な身だしなみを心がけましょう。
家庭でも、エプロンを着て、長い髪はヘアゴムでまとめ、なるべく三角巾で髪をおおうようにしてください。
爪を短く切り、手に傷があるときは、ゴム製の薄い手袋をはめて作業をします。プロのパティシエは、厨房に入るときにくつも履き替えます。

消毒

手洗いやアルコール消毒を忘れず、作業台は、次亜塩素酸ナトリウムを薄めた液につけたダスター（台ふきん）でふきます。家庭では、台所用の塩素系漂白剤を薄めて使ってください。

Chapitre II

生クリームの泡立て方

お菓子作りにたびたび登場する生クリーム。この本で紹介するレシピでは、乳脂肪分38％または40％の生クリームを使っています。そのまま使ったり、泡立てて使ったり、どのくらい泡立てるかも用途によって違います。生クリームに砂糖を加えて泡立てたものはクレーム・シャンティと呼び、レシピでも、クレープやパンケーキに添えたり、ブッセやシューの中にしぼったり、いちごのショートケーキにもたっぷりと使われています。そこで、このページでは、泡立て方の違いを写真と動画で詳しく解説します。一般的には「○分立て」という表現が広く使われています。パティシエの世界ではあまり使いませんが、ここでは、かたさの目安として書いておきます。

一つのボウルで3種類のかたさを使い分ける！

いちごのショートケーキでは、ナッペ、しぼり、サンドと3種類のかたさのクレーム・シャンティを使います。一つのボウルの中で、かたさを調整する方法は？

1. 右ページを参考に、6分立てに泡立てます。

2. ボウルの左右どちらか半分だけを使って、9分立てに泡立て、ジェノワーズにサンドします。ボウルに残った9分立てと6分立てのシャンティを混ぜ合わせて7分立てにし、ナッペをします。

3. 全体を泡立てて8分立てに調整し、口金をセットしたしぼり袋に入れて、ナッペした上にしぼります。

生クリームの泡立て方

生クリームを泡立てるときは、氷水を入れたボウルの上で冷やしながら作業します。最初はハンドミキサーを使い、必要なかたさに近づいてきたら、ホイッパーに持ち替えて仕上げます。

やわらかめ ← かたさの目安 → かため

1 ショコラクリーム用
いちごのムースのショコラクリームに使うかたさです(6分立て)。ホイッパーですくい上げると、すぐにすっと落ちていきます。お菓子に添えたり、サンドしたりするにはやわらかすぎます。

動画でCheck!

2 いちごのムース・ナッペ用
いちごのムースや、いちごのショートケーキのナッペに使うかたさです(7分立て)。ホイッパーですくい上げると、ぽたりとゆっくり落ちていきます。

動画でCheck!

3 しぼり用
いちごのショートケーキのしぼりに使うかたさです(8分立て)。クレープ、パンケーキ、シュークリーム、ブッセで使われているクレーム・シャンティもこのかたさです。しっかりツノが立ち、すぐにはホイッパーから落ちません。

動画でCheck!

4 サンド用
いちごのショートケーキのサンドに使うかたさです(9分立て)。ホイッパーにずっしりと重みを感じ、持ち上げてもなかなか落ちてきません。これ以上泡立てると、水分が分離してしまいます。

動画でCheck!

Lesson 1
グルテンの特性を知る

クレープ
Crêpe

湯せんの方法を覚え、小麦粉と水分がしっかりと混ざり合うことで生まれるグルテンの特性を知って、もちもちのクレープ生地を作ろう。

材料（約10枚分）

クレープ生地
卵（全卵）
　…Mサイズ3個
グラニュー糖…55g
薄力粉…50g
強力粉…70g
牛乳…300g
バター…50g
サラダ油…適量
好みのフルーツ（飾り用）
　…適量

クレーム・シャンティ
生クリーム38%・40%
　…200g
グラニュー糖…16g

ラズベリーソース
ラズベリー（冷凍OK）
　…120g
グラニュー糖…70g

エネルギー（1枚あたり）　約 *283kcal*

Crêpe　クレープ

下準備 薄力粉と強力粉は合わせてふるっておく。

1 牛乳とバターをボウルに入れ、湯せん（解説P.27）でバターを溶かす。

2 卵をボウルに割り入れ、グラニュー糖を加えてホイッパーでしっかりとすり混ぜる。

3 ふるっておいた薄力粉と強力粉を加え、生地につやが出るまでホイッパーで混ぜる。

4 湯せんしておいた牛乳とバターを入れてホイッパーでよく混ぜたら、クレープ生地が完成。

5 熱したフライパンにサラダ油をなじませたら火からはずし、レードル（おたま）1杯分の生地を流し入れて薄く広げる。

小麦粉と卵の水分がしっかりと混ざるとグルテンが形成されて、もちもちのクレープ生地ができるよ。

6 生地のふちがきつね色になったら裏返すタイミング。パレットナイフなどを使って、破らないように裏返す。

7 裏返し、反対の面を2秒焼いたらできあがり。

8 ラズベリーソースを作る。ラズベリーとグラニュー糖を鍋に入れて中火で火にかけ、焦がさないようにゴムべらで混ぜながら沸騰させる。ボウルに移して冷やす。

ソースにこのくらいつやが出れば完成。煮詰めすぎず、ラズベリーの粒の形は残しておく。

Crêpe　クレープ

9 クレーム・シャンティを作る。
生クリームにグラニュー糖を加えて泡立てる。必ず氷水を入れたボウルの上にのせて冷やしながら作業すること。最初はハンドミキサーを使い、ホイッパーで仕上げる。しっかりとツノが立ち、ホイッパーで持ち上げても生クリームが落ちてこないかたさまで泡立てる。
【生クリームの泡立て方は22ページへ】

冷ましたクレープをお皿にのせ、クレーム・シャンティと好みのフルーツ、ラズベリーソースで飾ったらできあがり。

覚えておこう！

湯せん
鍋にお湯を沸かして弱火にし、材料の入ったボウルを入れてバターやチョコレートなどを溶かす作業を「湯せん」といいます。間接的に加熱するので温度が上がりすぎず、焦げつく心配がありません。

クレーム・シャンティ
パティシエの世界では、生クリームに砂糖を加えて泡立てたホイップクリームのことをクレーム・シャンティと呼びます。

Lesson 2
メレンゲに挑戦する

パンケーキ

お菓子作りの基本、卵白と砂糖で作るメレンゲをマスターして、ふわふわのパンケーキを作ろう。

材料(約8枚分)

パンケーキ生地
卵(全卵)…Mサイズ2個
グラニュー糖…14g
バター…10g
牛乳…20g
バニラオイル…3g
薄力粉…100g
ベーキングパウダー…6g
卵白★…50g
グラニュー糖★…35g
サラダ油…適量
※★はメレンゲ用

クレーム・シャンティ
生クリーム 38%・40%
　…200g
グラニュー糖…16g

チョコレートソース
チョコレート 55%…60g
生クリーム 38%・40%
　…110g

バナナ(飾り用)…1本
ミントの葉…1枚

エネルギー(1枚あたり)　約 *339* kcal

Pancake　パンケーキ

下準備 薄力粉とベーキングパウダーは合わせてふるっておく。

1 バター、牛乳、バニラオイルをボウルに入れ、湯せんで溶かす。

2 ボウルに卵を割りほぐし、グラニュー糖を入れてホイッパーですり混ぜたら、溶かしておいた①のバター・牛乳・バニラオイルを加えて混ぜ合わせる。

3 ふるっておいた薄力粉とベーキングパウダーを加え、ホイッパーで混ぜる。生地を持ち上げたときに、ホイッパーからとろりと落ちるくらいのやわらかさに仕上げる。

4 メレンゲを作る。
冷やした卵白を全体が白っぽい泡になるまでハンドミキサーの高速で泡立てる。グラニュー糖を約3分の1の分量加え、よく溶けるように低速で混ぜたら、再び高速に切り替えてしっかりと泡立てる。この作業を2回繰り返し、ピンとツノが立つまで泡立てる。

卵白は絶対に冷やしてね。冷えていないと、キメの細かいメレンゲにならないよ。

動画でCheck！

5 ③の中にメレンゲを入れ、ゴムべらでさっくりと混ぜ合わせる。ここで混ぜすぎると、ふわふわの生地に仕上がらないので要注意！

6 生地を焼く。熱したフライパンにサラダ油をなじませ、レードル1杯分の生地を丸く流し入れる。弱火でゆっくり焼き、表面にぷつぷつと穴が開いてきたら、フライ返しなどでひっくり返す。裏面も弱火で焼き、中心を軽く指で押してみて弾力があれば、焼き上がり。

Pancake　パンケーキ

7 チョコレートソースを作る。
チョコレートを湯せんで溶かしておく。鍋に生クリームを入れて火にかけ、鍋のまわりに小さな泡がふつふつと沸いくさたら、チョコレートの中に入れてホイッパーで混ぜる。ゴムべらに持ち替えてさらに混ぜ、つやのあるソースに仕上げてしっかりと冷やしておく。

8 クレーム・シャンティを作る。
【生クリームの泡立て方は22ページへ】
お皿に好きな枚数のパンケーキを重ねてチョコレートソースをかけ、クレーム・シャンティをしばり、バナナなどの好みのフルーツやミントの葉で飾ったらできあがり。

覚えておこう！

パンケーキは火加減がとても重要。弱火でゆっくりと焼きましょう。熱したフライパンを水でぬらしたタオルやふきんの上に置き、温度を均一に下げてから生地を流し入れると、全体がきれいなきつね色に焼き上がります。

Lesson 3
クレーム・パティシエールを炊(た)く

ミルクレープ

バニラが香るクレーム・パティシエール(カスタードクリーム)の炊き方を覚えよう。

※パティシエの世界では、火にかけてクリームを作る場合、「クリームを炊く」という。

材料(直径約18cm・1台分)

クレープ生地
(約10枚分)
卵(全卵)…Mサイズ3個
グラニュー糖…55g
薄力粉…50g
強力粉…70g
牛乳…300g
バター…50g
サラダ油…適量

クレーム・パティシエール
牛乳…300g
バニラペースト…1g
卵黄…Mサイズ3個分
グラニュー糖…75g
薄力粉…12g
コーンスターチ…10g

エネルギー(1カットあたり) 約 **294**kcal

Mille Crêpes　ミルクレープ

下準備 薄力粉とコーンスターチは合わせてふるっておく。

1 クレープを焼く。
【作り方は24ページへ】

2 **クレーム・パティシエール**を炊く。卵黄に、分量の約半分のグラニュー糖を入れ、ホイッパーで白っぽくなるまですり混ぜる(パティシエ用語：ブランシール)。

3 ふるっておいた薄力粉とコーンスターチを加え、つやが出るまでホイッパーでよく混ぜる。

4 鍋に牛乳とバニラペースト、残りのグラニュー糖を入れて火にかけ、沸騰させる。

5 ③でブランシールした卵黄の中に、ホイッパーで混ぜながら④を少しずつ入れる。

6 パソワールでこしながら鍋に戻し、ホイッパーで混ぜながら、中火でしっかりととろみがつくまで加熱する。ゴムべらに持ち替えて、焦がさないように炊く。できあがったらすぐにバットに広げ、クリームの水分が逃げないように、上にぴったりとラップをする。

動画でCheck!

ふつふつと下からしっかり沸いていて、つやがあり、サラッとしている状態ができあがりの目安よ。

Mille Crêpes　ミルクレープ

7 氷を入れた2つのバットなどで上下から冷やし、急冷する。

急冷すると、菌が増えやすい温度帯を一気に通りすぎ、菌の発生や増殖を防ぐ効果があるのよ。

パティシエールをボウルに入れたときは、同じ大きさのボウル2つを使ってね。クリームの上のラップはぴったりと。

8 パティシエールが冷めたら、なめらかになるまでゴムべらでしっかりとほぐし、クレープにぬっていく。

9 10段ほど重ねたら、できあがり。冷蔵庫で冷やしてから8等分にカットする。

覚えておこう！

パティシエの世界では、カスタードクリームのことを「クレーム・パティシエール」と呼び、フランス語で「菓子職人のクリーム」を意味します。その店の看板になる大切なクリームだから、この名前がつけられたといわれています。和菓子屋さんの餡と同じですね。

| Lesson 4
オーブンの使い方を覚える

マドレーヌ
Madeleine

オーブンの温度管理と焼き型の使い方を覚えて、ほんのりレモン風味のマドレーヌを焼こう。

材料（約20個分）

卵（全卵）
　…Mサイズ2個
グラニュー糖…100g
はちみつ…8g
レモンの皮…1/2個分
レモン汁…1/2個分
薄力粉…100g
ベーキングパウダー…2g
バター…100g

エネルギー（1個あたり）　約**86**kcal

Madeleine　マドレーヌ

下準備

オーブンを190℃に予熱する。
薄力粉とベーキングパウダーは合わせてふるっておく。

1 バターをボウルに入れ、湯せんで溶かす。おろし金でレモンの皮をおろし、果汁もしぼる。

2 卵をボウルに割り入れてホイッパーでほぐし、グラニュー糖を加えてすり混ぜたら、はちみつ、レモンの皮とレモン汁も加えて混ぜる。

3 ふるっておいた薄力粉とベーキングパウダーを入れ、生地につやが出てサラッとするまでホイッパーで混ぜる。

生地のかたさは、ホイッパーで持ち上げたときに太い線になって落ちて、生地の落ちた跡がすぐに消えるくらいよ。

4 溶かしておいたバターを加え、ホイッパーで混ぜ合わせる。ゴムべらに持ち替え、大きくざっくりと混ぜて仕上げる。

動画で
Check!

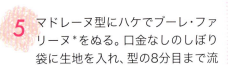

5 マドレーヌ型にハケでブーレ・ファリーヌ*をぬる。口金なしのしぼり袋に生地を入れ、型の8分目まで流し入れる。

6 190℃のオーブンで約10分焼く。きれいな焼き色がついたらできあがり。

知っておこう！

室温に戻したバターに10％の量の強力粉（バター50gなら強力粉5g）を混ぜたものを「ブーレ・ファリーヌ」＊と呼びます。ハケで型にぬっておくと、焼き上がったマドレーヌがきれいに型からはずれます。貝の形のマドレーヌ型がなければ、使い捨てタイプのアルミ製でもOK。何回かに分けて焼くときは、生地は常温で置いておきます。

コラム1　お菓子は正確な計量から

おいしいお菓子は正確な計量から

　お菓子をおいしく仕上げるためには、まず、材料の特性を知ることが必要です。

　例えば、メレンゲを泡立てるときは、冷やした卵白を使います。生クリームは、良い状態を保つために常に冷やしながら作業をします。常温で置かず、使い終わったら、すぐに冷蔵庫に戻します。

　チョコレートは湿気を嫌うので、温度変化の少ないところに保存します。

　少し難しい話になりますが、卵黄は約60℃、卵白は70℃後半で固まり始めます。熱した水は、約60℃で蒸気に変化し始めます。こういった知識もパティシエには必要で、材料の特性を理解しているからこそ、良い状態の生地を仕上げることができるのです。

　そして、さらに大切なのは、すべての材料を正確に計量することです。

　1g、0.1gの単位で正確に計量し、その分量をしっかり使い切るために、ゴムべらやカードを使って材料をきれいに移します。砂糖や小麦粉を作業台の上にこぼしてしまったら、きちんと集めて生地に使います。

　同じ生地でも、パティシエによって、さまざまなレシピがあり、材料の分量も異なります。レシピを忠実に再現し、最高の状態に仕上げるには、材料の特性を知り、良い状態で保存し、正確に計量することがとても重要です。これらが一つでも欠けると、どんなに一生懸命作っても、最高のお菓子が完成することはないでしょう。

Lesson 5
別立て法で生地を作る

ブッセ

卵黄と卵白を別々に泡立てる別立て法で、中はふんわり、外はサクサクのブッセを焼こう。

エネルギー（1個あたり）　約**64**kcal

材料（24個分）

ブッセ生地（ビスキュイ）
卵黄…Mサイズ2個分
グラニュー糖…20g
卵白★…Mサイズ2個分
グラニュー糖★…40g
薄力粉…60g
※★はメレンゲ用

クレーム・シャンティ
生クリーム38%・40%…200g
グラニュー糖…16g

粉糖（飾り用）…適量

Bouchée　ブッセ

下準備

オーブンを200℃に予熱する。
薄力粉をふるっておく。

1. 卵黄にグラニュー糖を加え、ホイッパーで白っぽくなるまですり混ぜる（パティシエ用語：ブランシール）。

2. メレンゲを作る。
【メレンゲの作り方は30ページへ】

3. ブランシールした卵黄に少しだけメレンゲを加えてホイッパーでよく混ぜる。それを残りのメレンゲの中に入れ、ゴムべらを使ってマーブル状に混ぜ合わせる。

卵黄とメレンゲを混ぜすぎないでね。マーブル状よ。

4. ふるっておいた薄力粉を加え、粉っぽさがなくなるまで、さっくりと混ぜる。

動画でCheck!

5 敷紙をしいた天板を用意し、12mmの丸口金をセットしたしぼり袋に生地を入れて、直径6cmくらいの大きさにしぼる。

口金の位置を天板から1cmの高さに決めてしぼると、生地の形と大きさが均一になるよ。

6 生地の上に粉糖を2回かけ、200℃のオーブンで約10分焼く。

> **知っておこう！**
>
> ブッセの生地に粉糖を2回かけるのはなぜ？　それは、1回目の粉糖が生地の水分を吸って溶けて消えてしまうからです。2回目にかけた粉糖は生地の表面に白くきれいに残り、サクッとしたブッセ独特の食感を生み出します。

7 オーブンの中で粉糖が溶け、表面がサクッとしたブッセが焼き上がる。

8 生クリームにグラニュー糖を加えて泡立て、クレーム・シャンティを作る。

【生クリームの泡立て方は22ページへ】

9 ブッセが冷めたらクレーム・シャンティをしぼり、サンドして完成。

しぼり袋の使い方

泡立てた生クリームでケーキのデコレーションをしたり、ブッセやマカロンの生地を天板の上にしぼり出したり、お菓子作りに口金としぼり袋は欠かせません。写真や動画の手の動きを参考にして、しぼり袋の使い方としぼり方のコツを覚えましょう。

1. 今回は使い捨てタイプを使用。11mmの星口金をセットする。

2. クリームを入れやすいように、しぼり袋の上半分を裏返す。

3. ホイッパーを使い、しぼり袋の奥までしっかりとクリームを入れる。

4. クリームを口金の中まで入れたら、しぼり袋の準備完了。

5. 上部をねじってクリームを押し出し、少しだけボウルの中に出して、しぼり袋から空気を抜く。

6. 手のひらで押し出すようにしぼり出す。反対の手をそえ、口金を1cmの高さに固定してしぼる。

7. 口金の角度や、しぼり出すときの力加減など、何度も練習してコツをつかむ。

8. バラの花のように見える「ロザス」は、デコレーションの基本のしぼり。

動画で Check!

9. 貝の形にしぼる「シェル」も基本の一つ。「ロザス」と組み合わせることも多い。

Lesson 6
共立て法で生地を作る

Gâteau aux Fraises

いちごの
ショートケーキ

卵黄と卵白を一緒に泡立てる共立て法で、しっとりふわふわのジェノワーズを焼こう。

エネルギー(15cm型1台分) 約 **2,063** kcal

材料(15cm型1台分)

ジェノワーズ
卵（全卵）
　…Mサイズ2個
グラニュー糖…70g
薄力粉…60g
バター…20g

クレーム・シャンティ
生クリーム38%・40%
　…250g
グラニュー糖…20g

シロップ
水…30g
グラニュー糖…20g
ブランデー…5g

いちご（Sサイズ）
　…12〜15粒
好みのフルーツ（飾り用）
　…適量
セルフィーユ（飾り用）
　…適量
ナパージュ…適量

※セルフィーユは、いろどりに使われるハーブ。

Gâteau aux Fraises　いちごのショートケーキ

下準備　オーブンを180℃に予熱する。薄力粉をふるう。型に敷紙をしく。
シロップ（水とグラニュー糖を火にかけて沸騰させ、火を止めてからブランデーを加える）を作り、よく冷ましておく。

1 バターをボウルに入れ、湯せんで溶かす。

2 ボウルに卵を割りほぐし、グラニュー糖を加えてホイッパーで軽く混ぜる。湯せんしながら、人肌に温まるまでさらに混ぜる。

3 人肌に温まったら湯せんからはずし、ハンドミキサーの高速で約10分、その後、中速で約5分、生地に8の字が描けるまで泡立てる。

人肌というのは、人間の体温と同じくらいの温かさのことよ。

45

4 ホイッパーに持ち替え、円を描くように混ぜてキメを整える(パティシエ用語：セレ)。

5 ふるっておいた薄力粉を入れ、ゴムべらで切るように混ぜ合わせる。

動画で Check!

6 溶かしておいたバターのボウルに少量の生地を入れ、ホイッパーで手早く混ぜたら、生地のボウルに戻す。ゴムべらで全体を切るように混ぜ、8の字が描ければ完成。

この方法だと、溶かしバターがラクに混ぜられるよ。混ぜすぎて、せっかく泡立てて作った気泡が壊れないように注意して！

動画で Check!

Gâteau aux Fraises　いちごのショートケーキ

7 型に流し込み、180℃のオーブンで約25分焼く。

8 きれいな焼き色がついたらジェノワーズのできあがり。

9 冷めたら型から出し、あて木（高さ1cm）をして3枚にスライスする。一番上の焼き色のついた生地は使わない。

ジェノワーズが中まで焼けているか心配なときは、真ん中に竹串をさしてみて。竹串に生地がついてこなければ大丈夫。ここで使わなかった1枚は、Lesson 11のスフレチーズケーキで使えるよ。

10 クレーム・シャンティを作る。
【生クリームの泡立て方は22ページへ】

「一つのボウルで3種類のかたさを使い分ける！」を必ず読んでね。

11 生地をしっとりさせるため、スライスしたジェノワーズにハケでシロップをぬる。別に分けておいたサンド用のクレーム・シャンティをのせてパレットナイフで平らに広げる。その上に、半分に切ったいちごをのせ、いちごが少し見えるくらいにシャンティをのせて広げる。同じ作業を繰り返すと、スライスした3枚のジェノワーズの間に真っ白なクレーム・シャンティと赤いいちごがきれいにサンドされる。

12 ナッペ用にクレーム・シャンティのかたさを調整する。
【生クリームの泡立て方は22ページへ】

ナッペというのは、ジェノワーズにクリームをぬること。デコレーションケーキの基本だから、がんばって練習してね。

13 ナッペをする。
一番上にのせたジェノワーズの上にもハケでシロップをぬる。パレットナイフを使い、回転台を手でまわしながら、ジェノワーズにクレーム・シャンティをぬっていく。

Gâteau aux Fraises　いちごのショートケーキ

15 11mmの星口金をセットしたしぼり袋にクレーム・シャンティを入れ、ナッペしたジェノワーズにしぼっていく。半分に切ったいちごを飾れば、いちごのショートケーキのできあがり。さらに本格的に仕上げたいときは、ラズベリーやブルーベリーなどの好みのフルーツ、彩りにハーブのセルフィーユを飾り、フルーツの上に市販のナパージュをかけてつやを出す。

14 しぼり用にクレーム・シャンティのかたさを調整する。
【生クリームの泡立て方は22ページへ】

バラの花のように見える「ロサス」と貝の形の「シェル」は、しぼり方の基本だから覚えてね。外側にロサスを6個、内側にシェルを6個しぼるだけで、こんなにきれいなショートケーキになるよ。

知っておこう！

生地を作るときに、別立て法と共立て法の2つの方法があることを学びました。スポンジ生地には、大きく分けて2種類あり、別立て法で作るブッセ(P.40)やビスキュイ・キュイエール・ショコラ(P.82)などの生地を「ビスキュイ」、共立て法で作るショートケーキなどの生地を「ジェノワーズ」と呼びます。

Lesson 7
バターと卵を乳化させる

パウンドケーキ

材料の適温を知り、バターと卵が交じり合う乳化のしくみ（解説 P.75）を理解して、しっとりとしたキメの細かい生地に仕上げよう。

材料（16cm 型 1 台分）

パウンド生地
バター…55g
グラニュー糖…55g
卵（全卵）
　…M サイズ 1 個
薄力粉…55g
ベーキングパウダー…1g

グラス
粉糖…40g
水…5g
ブランデー…3g

※グラスは、砂糖と水を煮詰めて作られる液体で、冷めると白く固まるので、デコレーションとしてお菓子にかけて使われることが多い。アイシングと呼ばれることもある。

エネルギー（16cm型1台分）　約 *1,078* kcal

Pound Cake　パウンドケーキ

🔻下準備

卵とバターを室温に戻しておく。
オーブンを180℃に予熱しておく。
薄力粉とベーキングパウダーは合わせてふるっておく。
パウンド型に敷紙をしいておく。

1 室温に戻してやわらかくしたバターにグラニュー糖を入れ、ホイッパーでしっかりと空気を含ませるように混ぜる。

2 ボウルに割りほぐした卵を湯せんで人肌に温める。

3 温めた卵を①のバターの中に3回に分けて少しずつ入れ、乳化させる。

乳化に失敗して生地が分離すると、もそもそした食感のケーキになるよ。

動画で
Check!

4 卵とバターがきちんと乳化されたら、ふるっておいた薄力粉とベーキングパウダーを加え、生地につやが出るまで、ゴムべらで全体が均一になるように混ぜ合わせる。

51

5 パウンド型に生地を入れたら、パレットナイフなどを使って、中心をゆるやかに凹ませる。180℃のオーブンで約30分焼く。オーブンの中で中心が大きくふくらむため、焼き上がりはちょうどよい形になる。

6 粉糖、水、ブランデーを合わせて混ぜ、グラス(アイシング)を作る。

7 焼き上がったパウンドケーキにグラスをかけ、再びオーブンに約1分入れたらできあがり。

甘いのが好きな人はたっぷりとかけてね。グラスで好きな模様を描くと楽しいよ。

覚えておこう！

イギリス生まれのパウンドケーキは、バターケーキの一種。小麦粉、バター、砂糖、卵をそれぞれ1ポンド(英語ではOne Pound = 453.6g)ずつ使って作ることから名づけられました。バターと卵の乳化がおいしさの決め手なので、ぜひマスターしましょう。

製菓の化学① 焼成を理解しよう

材料を混ぜたり、生地を焼いたりするときには化学反応が起こります。これを理解してオーブンを使いこなせれば、おいしいお菓子ができあがるので、ぜひ学んでおきましょう。

焼成とは、オーブンに入れて焼き、生地などの性質を変化させることです。業務用オーブンには上火と下火があり、別々に温度を設定できます。

例えば、パウンドケーキ（P.50）の場合、表面にきれいな割れ目を作りたいなら、まず、上火を220℃くらいの高温にして焼きます。最初に表面をしっかり焼くと膜がはり、下から生地が押し上げてきても押さえてくれます。そのまま焼いていくと、ふくらんできた生地の真ん中がきれいに割れるのです。

スライスして売るときは、大きさを均一にするために、160℃の低温で焼きます。うっすらとしか膜がはらないので、生地全体がゆっくりと、ほぼ平らな状態で焼き上がります。

家庭用オーブンには上火と下火の調整機能がありませんが、天板を入れる場所が上段、中段、下段に分かれています。上段では上火が強く、下に近ければ下火が強くなると理解してください。パウンドケーキの表面に割れ目を作りたいなら、最初は上段に入れ、高温で焼き目をつけたら温度を下げ、下段に下ろしてじっくり焼きましょう。

ジェノワーズ（P.44）の場合は、表面が割れると水分が逃げてパサパサした生地になるので上火は弱く、つまり最初から下段で焼きましょう。オーブンの温度は目安なので、ときどき様子を見るのを忘れずに。

Lesson 8
ゼラチンを使って冷やし固める

Mango Pudding
マンゴープリン

ゼラチンを使って、マンゴーたっぷりのひんやりデザートを作ろう。

※熱すると溶け、冷やすと固まる性質を持つゼラチン（解説 P.81）は、ゼリーなどを固めるときによく使われる。

材料（10個分）※カップの容量は150cc

牛乳…200g
グラニュー糖…28g
板ゼラチン…3g
マンゴーピューレ
　…120g
生クリーム 38%・40%
　…60g
マンゴー（飾り用）…適量
セルフィーユ（飾り用）
　…適量

※マンゴープリンには、粉ゼラチンと比べて透明感があり、口当たりがなめらかな板ゼラチンを使う。

エネルギー（1個あたり）　約 **62**kcal

Mango Pudding　マンゴープリン

1 板ゼラチンはたっぷりの氷水で20分ほどふやかしておく。

板ゼラチンをふやかしたら余分な水気を切ってね。ペーパータオルを使うと便利よ。

2 牛乳を入れた鍋にグラニュー糖を加えて軽く混ぜ、火にかける。

3 鍋のまわりに小さな泡がふつふつと沸いてくるまで加熱する。

4 火を止め、ふやかしておいた板ゼラチンを鍋に入れ、しっかり溶かしたら、パソワールでこしながらボウルに移し、氷水を入れた別のボウルの上にのせてあら熱を取る。

5 マンゴーピューレをボウルに入れ、小イッパーで混ぜながら④を加える。生クリームも加え、ゴムべらで混ぜる。

6 カップに流し入れ、冷蔵庫で1時間ほど冷やし固め、マンゴーとセルフィーユを飾ったらできあがり。

Lesson 9
きれいなシューを焼く

Chou à la Crème

シュークリーム

デセッシェを覚えてつやのある生地を作り、均一な大きさと形にしぼるコツを身につけよう。

※デセッシェとは、シュー生地を火にかけて混ぜながら、余分な水分を飛ばす作業のこと。

エネルギー（1個あたり） 約 **116**kcal

材料（6cmサイズで約30個分）

シュー生地
- 水…250g
- バター…105g
- 塩…2g
- 薄力粉…150g
- 卵（全卵）…Mサイズ5個

クレーム・パティシエール
- 牛乳…300g
- バニラペースト…1g
- 卵黄…60g
- グラニュー糖…75g
- 薄力粉…12g
- コーンスターチ…10g

クレーム・シャンティ
- 生クリーム38%・40%…200g
- グラニュー糖…16g
- 粉糖（飾り用）…適量

分量外
- 卵（全卵）…1個
- 強力粉…少々

※分量外とは、生地のかたさを調整するときなどに使う材料が、レシピの分量の中に含まれていないことを意味します。

Chou à la Crème　シュークリーム

下準備 オーブンを190℃に予熱する。卵を室温に戻す。薄力粉をふるう。

1 水、バター、塩を鍋に入れ、しっかりと沸騰させたら火を止める。

2 ふるっておいた薄力粉を加え、木べらで手早く混ぜ合わせる。

3 ゴムべらに持ち替えて均一になるように混ぜ、中火で火にかけて余分な水分を飛ばしながら、つやが出てくるまで混ぜる。鍋の底にうっすらと生地がはりつき、ひとまとまりになればOK（パティシエ用語：デセッシェ）。

4 火からはずし、水にぬらしたタオルなどで鍋の底やまわりをふき、鍋の熱を取る。室温に戻しておいた卵をボウルに割りほぐし、4、5回に分けて少しずつ加えて混ぜ合わせる。生地を木べらですくって落としたときに、逆三角形になって落ちるかたさになるまで調節する。

動画でCheck!

デセッシェして生地がかたくなりすぎたら、分量外の卵を加えて調整してね。

5 直径5cmの丸い抜き型に強力粉（分量外）をつけ、天板に、シュー生地をしぼる場所と大きさの目印となる円を描く。

7 フォークで生地の上を軽く押さえて形を整える。

6 9mmの丸口金をセットしたしぼり袋に生地を入れ、天板の上にしぼる。口金の位置を天板から1cmの高さに決めてしぼると、生地の形と大きさが均一になる。

8 きりふきで生地にたっぷりと水をふきかけてオーブンに入れ、約30分焼く。
※余ったシュー生地は冷凍しておいて、次に焼くときに使う。

9 きれいな色に焼き上がったら、オーブンから出して冷ましておく。

Chou à la Crème　シュークリーム

10 クレーム・パティシエールを炊く。
【作り方は 33 ページへ】

11 生クリームにグラニュー糖を加えて泡立て、サンド用のクレーム・シャンティを作る。
【生クリームの泡立て方は 22 ページへ】

12 シューの上3分の1をカットし、中の余分な生地を取り除く。丸口金をセットしたしぼり袋を使い、シューの中にパティシエール、その上にシャンティをしぼる。カットしたシューでふたをし、上に粉糖をふりかけたら完成。

> **覚えておこう！**
>
> シュークリームは、フランス語でキャベツを意味する「シュー」と、英語の「クリーム」を合わせた和製語です。フランス語では「シュー・ア・ラ・クレーム」。シューの形がキャベツに似ていることから、名づけられました。シューをきれいな形に焼き上げるには、フォークで形を整え、たっぷりの水をふきかける作業が重要。高温のオーブンの中、生地の中の水分が蒸発するときの力でシューが大きくふくらむからです。

Lesson 10
イタリアンメレンゲに挑戦する

マカロン

ぴったり117℃に熱したシロップをメレンゲに混ぜて作るイタリアンメレンゲで、大人気のマカロンを手作りしてみよう。

材料（5cmサイズで約20個分）

マカロン生地
卵白…65g
粉糖…160g
アーモンドパウダー
　…160g
食用色素（赤）…約1g
卵白★…60g
グラニュー糖★…160g
水★…65g
※★はイタリアンメレンゲ用

ラズベリーソース
ラズベリー（冷凍OK）
　…120g
グラニュー糖…70g

ホワイトチョコガナッシュ
ホワイトチョコレート
　…100g
生クリーム38%・40%
　…60g
水あめ…15g

エネルギー（1個あたり）　約 *156*kcal

Macaron　マカロン

1 ホワイトチョコガナッシュを作る。ホワイトチョコレートを湯せんで溶かしておく。鍋に生クリームと水あめを入れ、よく混ぜてから火にかける。鍋のまわりに小さな泡がふつふつと沸いてくるまで温めたら、ホワイトチョコレートのボウルの中に入れ、ホイッパーで混ぜ合わせる。ゴムべらに持ち替えて全体が均一になるように混ぜ、バットに移して冷蔵庫で冷やす。

2 ラズベリーソースを作り、冷蔵庫で冷やす。
【作り方は26ページへ】

3 マカロン生地を作る。
粉糖、アーモンドパウダー、食用色素（赤）をボウルに入れ、ホイッパーで混ぜる。

4 卵白65gを加え、ゴムべらで混ぜてペースト状にする。

61

5 イタリアンメレンゲを作る。
鍋に水とグラニュー糖を入れて火にかけ、温度計で測りながら117℃になるまでシロップを煮詰める。

> **知っておこう！**
> 一般的にメレンゲと呼ばれているのは「フレンチメレンゲ」。このページに登場する「イタリアンメレンゲ」は、形がくずれにくい、つやのあるメレンゲです。このほかに、メレンゲ菓子などに使われる「スイスメレンゲ」があります。

6 シロップを加熱している間に、ボウルに入れた卵白60gを白っぽくなるまでハンドミキサーの高速で泡立てる。低速に変えて混ぜ続けながら、117℃のシロップをボウルのふちから少しずつ注ぎ入れ、しっかりと空気を含んでつやが出るまで泡立てる。

ハンドミキサーを使いながら、熱いシロップを注ぐのは一人では難しいかも。誰かに手伝ってもらってね。

動画で Check!

7 ④の中に、3回に分けてイタリアンメレンゲを入れ、ゴムべらでさっくりと混ぜる。生地につやが出て、ゴムべらで持ち上げたときに、途切れず流れ落ちるくらいのかたさになるまで混ぜ合わせる（パティシエ用語：マカロナージュ）。

動画で Check!

8 敷紙をしいた天板を用意し、9mmの丸口金をセットしたしぼり袋に生地を入れて、直径4cmくらいの大きさにしぼる。口金の位置を天板から1cmの高さに決めてしぼると、生地の形と大きさが均一になる。このまま約30分置いておく。

9 オーブンを130℃に予熱する。適度に乾いた⑧のマカロン生地の表面をさわり、さらっとしていたら、オーブンに入れて約12分焼く。焼き上がったら敷紙ごと天板からはずし、ケーキクーラーの上で冷ます。

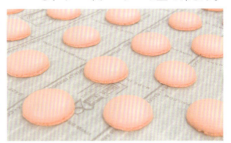

10 6mmの丸口金をセットしたしぼり袋にホワイトチョコガナッシュを入れ、マカロンのふちに円を描くようにしぼる。その円の内側にスプーンでラズベリーソースを入れ、大きさがぴったり合うマカロンでふたをしたらできあがり。

世界のスイーツ大集合！
海外で愛されるお菓子たち

日本にも伝統的な和菓子があるように、世界中には、その国で愛されているお菓子がたくさんあります。このページでは、日本でも食べられるお菓子や、現地に行かないと食べられないデザートなど、10カ国・10種類のスイーツを紹介します。

アメリカのカップケーキ

昔からあるお菓子ですが、最近では、アイシングやチョコスプレーなどでカラフルにかわいらしくデコレーションされたカップケーキがニューヨークで大ブームを巻き起こしました。

オーストラリアのラミントン

四角に切ったスポンジケーキを伝統的なチョコレートソースでコーティングし、ココナッツパウダーをまぶして作られる素朴なお菓子です。

イギリスのスコーン

スコーンを半分に切って、クロテッドクリームとジャムをのせて食べるのが本場の英国式。午後のアフタヌーン・ティーの時間には欠かせません。クロテッドクリームは、バターと生クリームの中間のような濃厚なクリームです。クロテッドクリームが先か、ジャムが先か、のせる順番は好みが分かれます。

ベルギーのワッフル

ベルギーには代表的なワッフルが2種類あります。甘さひかえめで大きな長方形のブリュッセルワッフルはふわふわ、サクサクの食感。粉砂糖やシロップ、ジャム、チョコレートソースなどをトッピングして食べます。日本でもよく見かける丸いタイプがリエージュワッフル。しっかりしたかための生地で、パールシュガーという粒の大きな砂糖が入っているので、そのまま食べても十分な甘さです。

コラム3　世界のスイーツ

タイのカオニャオ・マムアン

ココナッツミルクで炊いたもち米に、生のマンゴーを添えたタイでは定番のデザート。見た目に反して、食べてみると意外なほどおいしく、旅行者に人気のスイーツです。

トルコのバクラヴァ

薄いパイ生地を重ねてピスタチオなどのナッツ類を包み、シロップをかけたトルコ版のミルフィーユ。イスラム教がお酒を禁じているアラブや中東の国では、男女問わずスイーツ好きが多く、味はどれもかなり甘めです。

フランスのパリブレスト

リング状に焼き上げたシュー生地の間に、プラリネを加えたアーモンド風味のバタークリームをサンドしたフランス菓子。1891年に、パリとブレストの2都市を往復する自転車レースの開催を記念して考案されたお菓子なので、自転車の車輪の形をしています。

ポルトガルのパステル・デ・ナタ

リスボンの修道院で生まれたとされるカスタードクリーム入りの小さなタルト。日本ではエッグタルトと呼ばれています。ポルトガルからマカオに伝わり、おいしさが評判となって広まったので、マカオ名物のお菓子としても知られています。

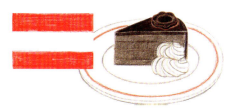

オーストリアのザッハトルテ

ウィーンのホテルザッハーで180年以上も前に生まれた世界一有名なチョコレートケーキ。オリジナルのザッハトルテは、スポンジ生地にアンズジャムをぬってからチョコレートでコーティングされています。

ドイツのバウムクーヘン

バター、小麦粉、砂糖などで作った生地を回しながら焼き重ねて作られるドイツ菓子。切り口が樹木の年輪のような模様になることから、日本では、結婚式の引き出物など、お祝い事の贈り物によく使われます。

Lesson 11

クレーム・アングレーズを炊く

Soufflé au Fromage

スフレ
チーズケーキ

クレーム・アングレーズ(カスタードソース)を使って、軽い口当たりのチーズケーキを湯せん焼きしてみよう。

エネルギー(15cm型1台分) 約 *2,148*kcal

材料(15cm型1台分)

スフレ生地
牛乳☆…100g
バター☆…25g
バニラペースト☆…1g
卵黄☆…Mサイズ2個分
グラニュー糖☆…12g
クリームチーズ…200g
薄力粉…6g
卵白★…40g
グラニュー糖★…40g
※★はメレンゲ用
※☆はクレーム・アングレーズ用

ジェノワーズ
卵(全卵)
　…Mサイズ2個
グラニュー糖…70g
薄力粉…60g
バター…20g

粉糖(飾り用)…適量

Soufflé au Fromage　スフレチーズケーキ

下準備

オーブンを200℃に予熱する。
クリームチーズを室温に戻す。
薄力粉をふるう。
ジェノワーズを焼き、あて木をして1cmの厚みにスライスする。【ジェノワーズの作り方は44ページへ】
15cmのデコレーション型に敷紙をしき、スライスしたジェノワーズを底にしいておく。

1 クレーム・アングレーズを炊く。卵黄にグラニュー糖を入れ、ホイッパーを使って白っぽくなるまですり混ぜる（パティシエ用語：ブランシール）。

2 鍋に牛乳、バター、バニラペーストを入れて火にかけ、沸騰させる。これをブランシールした卵黄の中に、ホイッパーで混ぜながら入れる。

3 しっかりと混ざったら鍋に戻し、ゴムべらに持ち替えて、とろみがつくまで弱火で炊く。

動画で Check!

4 室温に戻してやわらかくなったクリームチーズを大きめのボウルに入れ、パソワールでこしながらクレーム・アングレーズを加えて、ホイッパーでしっかりと混ぜる。

薄力粉も加えて混ぜ合わせる。

クレーム・アングレーズの熱でクリームチーズが溶けて、なめらかに仕上がるよ。

5 卵白40gにグラニュー糖40gを加えてメレンゲを作る。
【作り方は30ページへ。分量は要注意！】

6 ④にメレンゲを加え、ホイッパーでさっくりと混ぜ合わせる。ゴムべらに持ち替え、全体が混ざったらスフレ生地のできあがり。必要以上に混ぜすぎないこと。

Soufflé au Fromage　スフレチーズケーキ

7 ジェノワーズをしいたデコレーション型に生地を流し入れる。天板にタオルをしいて、その上に型を置き、タオルがひたひたになるくらいまで熱湯を注ぐ。200℃のオーブンで10分焼き（湯せん焼き）、設定温度を140℃に下げて、さらに25～30分焼く。

8 焼き上がったら、熱いうちにペティナイフでスフレチーズケーキの表面と敷紙を切りはなす。冷蔵庫でしっかり冷やしたら型からはずし、上に粉糖をかけたら完成。

敷紙とくっついたまま冷やすと、真ん中が凹んでしまうよ。切りはなすのは、上から1cmくらいでOK。型が熱いから、やけどしないように気をつけてね。

知っておこう！

クレーム・パティシエール（カスタードクリーム）とクレーム・アングレーズ（カスタードソース）は、材料や作り方がとてもよく似ていますが、アングレーズには薄力粉などの粉類を入れないので、パティシエールよりさらっとしています。生地に混ぜたり、デザートに添えたりして使います。

Lesson 12
サクサクのタルト生地を作る

タルトフリュイ

クッキーのような生地に季節のフルーツをたっぷりのせて、タルトフリュイ（フルーツタルト）を作ろう。

エネルギー（1個あたり）　約 **301** kcal

材料（6.5cm 型 12 個分）

タルト生地
- バター…100g
- 粉糖…90g
- 卵(全卵)…M サイズ 1 個
- 塩…2g
- 薄力粉…210g
- 強力粉（打ち粉）…適量

クレーム・ダマンド
- バター…50g
- 粉糖…50g
- 卵(全卵)…M サイズ 1 個
- アーモンドパウダー…50g

クレーム・パティシエール
- 牛乳…300g
- バニラペースト…1g
- 卵黄…M サイズ 3 個分
- グラニュー糖…75g
- 薄力粉…12g
- コーンスターチ…10g

- 好みのフルーツ（飾り用）…適量
- セルフィーユ（飾り用）…適量
- ナパージュ（市販）…適量

Tarte aux Fruits　タルトフリュイ

下準備　卵、バターを室温に戻す。
　　　　　薄力粉、アーモンドパウダーを別々にふるう。

1　タルト生地を作る。
室温に戻してやわらかくなったバターをホイッパーで軽くほぐし、粉糖を入れてすり混ぜる。

2　ボウルに卵を割り入れ、塩を入れてしっかりほぐしたら、①のバターの中に少しずつ加えてホイッパーで混ぜ、乳化させる。

3　ふるっておいた薄力粉を入れ、ゴムべらで切るように混ぜ合わせる。生地をボウルから取り出し、ラップで包んで冷蔵庫で寝かせる。

4　タルト生地を寝かせている間にクレーム・パティシエールを炊き、冷蔵庫で冷やしておく。
【作り方は33ページへ】

71

5 クレーム・ダマンドを仕込む。
室温に戻したバターに粉糖を入れ、白っぽくなるまでホイッパーですり混ぜる。

バターと卵の乳化は2回目の登場よ。大切なポイントだから、動画で詳しく説明しているパウンドケーキのページ(P.50〜52)もチェックしてみて。

6 ボウルに割りほぐした卵を湯せんで人肌に温める。
⑤に温めた卵を3回に分けて少しずつ加え、ホイッパーでよく混ぜて乳化させる。

7 ふるっておいたアーモンドパウダーを加え、ゴムべらで混ぜる。

Tarte aux Fruits　タルトフリュイ

8 オーブンを180℃に予熱する。冷蔵庫から取り出したタルト生地を打ち粉をした台にのせ、最初はめん棒でたたいて伸ばす。生地が少しやわらかくなったら、めん棒で3mmの厚さに伸ばす。生地が台やめん棒、手にくっつかないように、その都度、しっかりと打ち粉をする。

9 ピケローラーで生地全体に小さな穴を開ける（パティシエ用語：ピケをする）。ピケローラーがなければ、フォークで代用。直径10cmの丸い抜き型を使い、生地を丸く型抜きする。

10 直径6.5cmのタルト型に生地をしきこみ、空気のすき間ができないように手で軽く押さえる（パティシエ用語：フォンサージュ）。型からはみ出した生地はペティナイフなどでカットし、形を整える。

動画で Check!

11 9mmの丸口金をセットしたしぼり袋に⑦のクレーム・ダマンドを入れ、タルト生地をしきこんだ型の中にしぼる。180℃のオーブンで約25分焼く。

あら熱が取れるまで冷ましてから型からはずしてね。裏側もこんがりときつね色に焼き上がっておいしそうでしょ？

12 別のしぼり袋に、ゴムべらでなめらかにほぐしたクレーム・パティシエールを入れ、タルトの中心にしぼる。好みのフルーツや、彩りにハーブのセルフィーユを飾ればできあがり。フルーツの上に、ゼラチンや砂糖などで作られた市販のナパージュをかけると、きれいなつやが出て、より本格的な仕上がりに。

知っておこう！

クレーム・ダマンド（アーモンドクリーム）は、お菓子作りの基本のクリームの一つ。何回かに分けてバターに卵を加えるとき、混ざりきっていないのに次の卵を入れると、必ず分離します。きちんと混ざっていないときはホイッパーの手ごたえが軽く、しっかり混ざると重たくなるので、その感覚を覚えましょう。

製菓の化学② 乳化を理解しよう

　53ページでは、焼成について説明しましたが、ここでは、パウンドケーキのレシピ（P.50）にも登場するバターと卵の乳化について学びます。

　乳化とは、通常では交じり合わない水と油が細かい粒子となって交じり合うことをいいます。

　卵の成分を大きく分けると、卵黄は油分、卵白は水分。卵黄にはレシチンという乳化をうながす成分が含まれていて、レシチンは油とも水とも交じり合う働きがあります。このレシチンの働きによって、油分であるバターと卵が混ざり合い、生地としてつながります。

　このとき重要なのが、温度管理。バターは冷たくなると固まる性質があるので、混ぜる卵が冷たいとバターが固まってしまい、バターと卵は分離します。そのまま小麦粉を混ぜて焼くと、モソモソした食感のケーキが焼き上がります。バターと卵の分離は、見た目にはわかりにくいので、気づかないで焼いてしまう人もいますが、焼き上がったケーキを食べてみれば、違いが理解できるはずです。

　失敗しないためには、バターと卵を前もって冷蔵庫から出し、室温に戻しておく下準備が必要です。そうすれば、バターと卵がしっかりとつながった生地に仕上がり、ふんわり、しっとりしたケーキができあがります。

　おいしいお菓子作りには、乳化がとても大切なのです。使う材料の温度を考え、忘れずに下準備をしておきましょう。

Lesson 13
折り込みパイ生地を作る

Mille-Feuille
ミルフィーユ

冷蔵庫で寝かせた冷たいパイ生地を折り込み、サクッとした食感のパイと甘くて濃厚なクレーム・パティシエールを重ねてミルフィーユを作ろう。

材料（8個分）

パイ生地
薄力粉…100g
強力粉…100g
バター…150g
塩…3g
水…110g
酢…4g
粉糖…適量
強力粉（打ち粉）…適量

クレーム・パティシエール
牛乳…300g
バニラペースト…1g
卵黄…Mサイズ3個分
グラニュー糖…75g
薄力粉…12g
コーンスターチ…10g

エネルギー（1個あたり）　約 *339* kcal

Mille-Feuille　ミルフィーユ

下準備　Ⓐ ボウルに薄力粉と強力粉を合わせてふるい、1cm角に切ったバターを入れて粉にまぶし、冷蔵庫で1時間冷やしておく。
Ⓑ 水、酢、塩をボウルに入れて混ぜ、塩が溶けたら冷蔵庫に入れて冷やしておく。

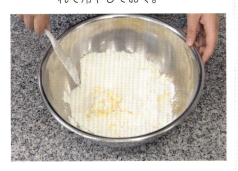

1 Ⓐの中にⒷをまわし入れ、ゴムべらでバターをつぶさないように混ぜ、生地をまとめる。

2 生地をまとめ、打ち粉（強力粉）をした台の上にのせ、めん棒で縦長の長方形に形を整える。縦に3つ折りし、90度生地を回転させたら伸ばして4つ折りする。生地をラップで包み、冷蔵庫で1時間寝かせる。

最初のうちはバターがコロコロしていて、台も手もべたつくので、たっぷりと打ち粉をしてね。打ち粉に強力粉を使うのは、粒があらくて粉が広がりやすいからよ。

動画で Check!

3 パイ生地を寝かせている間にクレーム・パティシエールを炊き、冷蔵庫で冷やしておく。
【作り方は33ページへ】

4 1時間たったら生地を冷蔵庫から取り出し、打ち粉をしながら、めん棒を使って②の作業を繰り返す。生地をラップで包み、再び冷蔵庫で1時間寝かせる。

3つ折り、4つ折りを2回繰り返したら、パイ生地は144層！サクサクの食感はこうやって作られるのよ。

5 オーブンを200℃に予熱しておく。冷蔵庫から生地を取り出して2分の1に切り、28cm×28cmの正方形に伸ばしてピケローラーで小さな穴を開ける（パティシエ用語：ピケをする）。ピケローラーがなければ、フォークで代用。生地をバットに入れて上からラップをかけ、冷蔵庫で30分寝かせる。

Mille-Feuille　ミルフィーユ

6 めん棒を使ってパイ生地をバットから天板に移し、オーブンで約10分焼く。

7 約10分たったところでオーブンから生地を取り出す。同サイズの天板を生地の上にのせて押さえ、そのままオーブンに戻して10分焼く。上にのせた天板をはずして、さらに10分焼く。

しっかりピケをしても、焼くと生地が浮き上がってしまうの。この作業をすると、生地が平らに焼き上がってカットしやすくなるよ。

8 焼き色がついたら生地を取り出し、表面に粉糖をかけてオーブンで数分焼く（パティシエ用語：キャラメリゼ）。

9 焼き上がりのサイズは24cm×24cm程度。生地が冷めたら、10cm×3.5cmサイズにカットする。

10 12mmの丸口金をセットしたしぼり袋に、冷蔵庫から出して軽くほぐしたクレーム・パティシエールを入れ、カットしたパイ生地の上にしぼる。生地とパティシエールを交互に重ねたらできあがり。

> **覚えておこう！**
> 折り込みパイ生地のサクサク感は、折り込まれたバターが作り出す144の層から生まれます。ゴロゴロ入った角切りバターが室温や手の温度でやわらかくなったり、溶けたりしないように、冷蔵庫で冷やしながら、できるだけ手早く作業しましょう。

製菓の化学③　凝固

　マンゴープリンで使ったゼラチンのように、冷やして固める、または、固まる力を加えるものを、パティシエの世界ではゲル化剤（＝凝固剤）といいます。主に、ゼラチン、ペクチン、寒天などがあります。

　初めて聞くとびっくりすると思いますが、ゼラチンの主な原料は、豚や牛のコラーゲンです。使う量にもよりますが、20℃〜28℃で溶け始めるため、口どけの良いムースやデザートゼリーに使われます。

　酸や高温に対しては、固まる力が弱くなるので、注意が必要です。板ゼラチンと粉ゼラチンの2種類があり、作るお菓子によって使い分けます。

　ペクチンは果物や野菜から抽出される多糖類で、主にジャムに使用されます。水分（果汁）と砂糖を混ぜた中にペクチンを加えて加熱すると、ペクチンの働きがうながされ、ジャム特有のかたさが生まれます。

　クレーム・パティシエールに使うこともあり、クリームを安定させる働きがあります。

　寒天はテングサなどの海藻から抽出されます。寒天自体は、約80℃にならないとしっかりと水に溶けないため、作る工程で温度を上げる必要があります。固まり始める温度は38℃と高く、常温でも固まります。歯ごたえがあり、口の中でほろりとくずれるような食感を楽しむことができます。

　棒寒天と粉寒天があり、用途に合わせて使います。ゲル化剤にもいろいろな種類がありますが、お菓子に合ったものを使うようにしましょう。

Lesson 14
ムースでケーキを組み立てる

いちごのムース
Mousse à la Fraise

ビスキュイ、ショコラクリーム、ムースを別々に作って一つの型に入れ、本格的なケーキに仕上げてみよう。ムースのレシピを覚えたら、オリジナルケーキも作れるようになるよ。

エネルギー（12cm型1台分） 約 **1,855**kcal

材料（12cm型1台分）

いちごムース
- いちごピューレ…50g
- グラニュー糖…22g
- レモン汁…2g
- 板ゼラチン…2g
- 生クリーム38%・40%…100g

ショコラクリーム
- 生クリーム38%・40%…100g
- チョコレート55%…36g

- いちごジャム（仕上げ用）
- セルフィーユ（飾り用）

ビスキュイ・キュイエール・ショコラ
- 卵黄…Mサイズ2個分
- グラニュー糖…20g
- 卵白★…Mサイズ2個分
- レモン汁★…5g
- グラニュー糖★…40g
- 薄力粉…60g
- ココアパウダー…6g
- ※★はメレンゲ用

- 好みのフルーツ（飾り用）…いずれも適量
- ナパージュ（市販）…いずれも適量

Mousse à la Fraise　いちごのムース

下準備

オーブンを190℃に予熱する。
薄力粉とココアパウダーを合わせてふるっておく。
板ゼラチンを氷水でふやかしておく。

1. ビスキュイ・キュイエール・ショコラを焼く。
   卵黄にグラニュー糖を加え、ホイッパーで白っぽくなるまですり混ぜる（パティシエ用語：ブランシール）。

レモン汁を入れると泡立ちにくくなるけれど、心配しないで。ココアパウダーと混ぜても壊れにくい、しっかりしたメレンゲができあがるよ。

3. ゴムべらを使い、ブランシールした卵黄とメレンゲをマーブル状に混ぜ合わせる。卵黄が混ざりきる必要はないので、混ぜすぎないこと。

2. 卵白にグラニュー糖とレモン汁を加えて泡立て、メレンゲを作る。
   【作り方は30ページへ。レモン汁を入れるのを忘れずに】

4 ふるっておいた薄力粉とココアパウダーを加え、粉っぽさがなくなるまで、さっくりと混ぜ合わせる。

5 9mmの丸口金をセットしたしぼり袋に生地を入れ、敷紙をしいた天板の上にしぼり出す。一つは棒状にしぼり、約6cm×18cmの長方形に。もう一つは直径が10cm程度になるように丸くしぼる。

6 生地の上に粉糖を2回かけ、190℃のオーブンで約10分焼く。

粉糖は必ず2回かけてね。1回だけだと、生地の水分を吸って消えてしまうから、サクッとした食感が出せないよ。

Mousse à la Fraise　いちごのムース

7 焼き上がったら、予熱が伝わらないように敷紙ごと天板からはずし、冷ましておく。

8 底の部分が取り外せる12cmのデコレーション型を用意し、側面に透明なケーキフィルム（ムースフィルム）を貼っておく。ケーキフィルムがなければ、ラップで代用。
ビスキュイ・キュイエール・ショコラを型に合わせてカットする。長方形のビスキュイはウェーブナイフで縦半分にカットし、約17cmの長さのものを2個作って型の側面にセットする。丸く焼いたビスキュイはキッチンバサミで切って大きさを調整しながら、底にしきこむ。

9 ショコラクリームを作る。
チョコレートは湯せんして50℃に溶かしておく。生クリームをもったりするまで泡立てる。
【生クリームの泡立て方は22ページへ】

85

10 生クリームの3分の1をチョコレートのボウルに入れてホイッパーで手早く混ぜ、生クリームのボウルに戻してホイッパーですくうように混ぜる。ゴムべらに持ち替えて、さっくりと混ぜ合わせる。

先に少量の生クリームとよく混ぜてから全体を混ぜ合わせると、むらなく均一に混ざるよ。

動画で Check!

11 ショコラクリームを型に入れ、冷蔵庫で冷やし固める。

12 いちごムースを作る。いちごピューレにグラニュー糖とレモン汁を入れ、湯せんして約50℃に温める。

13 たっぷりの氷水でふやかしておいた板ゼラチンを湯せんで溶かし、⑫のいちごピューレの約3分の1を加えてホイッパーで混ぜる。

Mousse à la Fraise　いちごのムース

16 氷水を入れたボウルの上に⑭のピューレのボウルを重ね、ゴムべらで混ぜながら26℃まで冷やす。生クリームの3分の1をピューレのボウルに入れてホイッパーで手早く混ぜ、生クリームのボウルに戻してホイッパーですくうように混ぜる。ゴムべらに持ち替えて、さっくりと混ぜ合わせる。

14 ⑬をパソワールでこしながら残りのいちごピューレの中に入れ、ホイッパーでしっかりと混ぜ合わせる。

15 生クリームをいちごのムース用に泡立てる。
【生クリームの泡立て方は22ページへ】

動画でCheck!

17 ショコラクリームが冷えて固まった型の中にいちごムースを入れ、冷蔵庫で冷やし固める。

18 表面にいちごジャムをぬり、半分にカットしたいちごと、ブルーベリーなどの好みのフルーツ、彩りにハーブのセルフィーユを飾ればできあがり。フルーツの上に、ゼラチンや砂糖などで作られた市販のナパージュをかけると、きれいなつやが出て、より本格的な仕上がりに。

最初に主役のいちごを飾ってから、ほかのフルーツをバランス良くのせると、きれいに仕上がる。

> **知っておこう！**
>
> ビスキュイ・キュイエール・ショコラは、ブッセ（P.40〜42）と同じく、ビスキュイ生地で作ります。
> キュイエール（cuillère）とはフランス語でスプーンを意味します。その昔、しぼり袋のなかった時代にスプーンで成形していたことから、この名前がついたといわれています。

コラム6　製菓のチーズ

お菓子作りに使われる代表的なチーズ

チーズケーキのように、スイーツにもチーズを使うことがあります。そして、ヨーロッパを中心に、世界には、お菓子作りに向いているチーズがいくつもあります。このページでは、日本のパティシエもよく使う代表的な5種類のチーズを紹介します。

クリームチーズ
Cream Cheese（Fromage à la Crème）

チーズケーキなどに使われるクリームチーズは熟成させないフレッシュタイプ。白くてやわらかく、キメが細かいチーズです。チーズの中ではたんぱく質が少なく、乳酸菌由来の酸味と乳脂肪の豊かな味わいで、なめらかな舌ざわりが特徴です。
産地：世界各地

カッテージ　Cottage

生乳から乳脂肪分を取りのぞいた脱脂乳などを原料に作られるフレッシュタイプのチーズです。クセがなく、あっさりしていて、お菓子作りでは、チーズの風味を出したいクリームなどに使われます。
産地：イギリス、オランダ

リコッタ　Ricotta

牛や羊、水牛のミルクを固めたときに出てくる水分、乳清（ホエイ）を加熱し、煮詰めて作られるフレッシュタイプのチーズ。やわらかで口当たりが良く、味はさっぱりしていて、ミルクの自然な甘さが残っています。お菓子作りでは、ムースやパンナコッタの材料として、生クリームの代わりに使われることがあります。
産地：イタリア

マスカルポーネ　Mascarpone

原料となるクリームを固めて水分を取りのぞいたフレッシュタイプのチーズ。なめらかなペースト状で水分が多く、軽くさわやかな風味があります。ティラミスの材料としてよく知られています。
産地：イタリア

フロマージュ・ブラン　Fromage Blanc

乳白色でなめらかなクリーム状のフレッシュタイプのチーズです。チーズ独特のにおいやクセがないのが特長で、酸味はヨーグルトよりやさしく、生クリームよりあっさりしくいます。お菓子作りでは、ムースやクリームなどに使われます。
産地：フランス

参考：雪印メグミルク Cheese Club「チーズ辞典」
http://www.meg-snow.com/cheeseclub/

Lesson 15

基本のマジパン細工を覚える

マジパン

プレーンとココアの2色のマジパンを使って、かわいいウサギとクマを作ろう。

材料（2個分）

ウサギ
マジパンペースト…15g
粉糖…適量

クマ
マジパンペースト…25g
粉糖…適量
ココアパウダー…4g

チョコペン（サインチョコ）
　…1個
水（接着用）…適量

※市販のマジパンペーストには砂糖や水あめが入っているので、甘さは十分。粉糖を加えるのは、マジパンをかたくして成形しやすくするためと、色をより白くするため。

Marzipan　マジパン

マジパン細工棒のセット、竹串、チョコペンを用意する。

2　ウサギのマジパンを作る

15gのマジパンに粉糖を加えて練り、成形しやすいかたさに調整する。

手でひらで丸める。

6gの玉を2個作り、目・しっぽ・鼻に使うマジパンも1個用意する。

6gの玉にペティナイフで切れ目を入れ、前足を作り、足の形を整える。

ウサギの胴体と前足が完成。

線を入れて足の指を作る。

6gの玉で胴体と同じように顔を作る。耳の形を作れば、ウサギの顔が完成。

目を入れる位置を決める。

チョコペンで目玉を描いたら、ウサギの完成。

口を作る。

14 クマのマジパンを作る

25gのマジパンに粉糖とココアパウダーを混ぜ、10g、6g、3gの玉を各1個、1gの玉を2個作る。目・耳・しっぽ・鼻に使うマジパンも2色用意する。白のマジパンはウサギの残りを使う。

竹串で水をつけ、接着の準備をする。マジパンの接着にはすべて水を使う。

10gの玉で胴体の形を作る。

小さく丸めた玉をのせて鼻と目を作る。

クマの胴体が完成。

Marzipan　マジパン

1gの玉で後ろ足の形を作る。これを2個作る。

目を入れる位置を決め、耳にする小さな玉を2個丸めておく。

胴体に後ろ足をつける。

顔に耳をつけ、耳の形を作る。

3gの玉を細長く伸ばして胴体に巻きつけ、前足を作る。

形を整えて上手に座らせる。

6gの玉で顔の形を作り、キッチンバサミで切れ目を入れて口を作る。

マジパンとチョコペンで目を作る。小さな玉を丸めてしっぽをつけたら、クマの完成。

ウサギとクマが作れたら、いつかこんなマジパンも！

　マジパン細工の基本をすべて学べるのが、前のページで紹介したウサギとクマです。この2つを完成させるためには、こねる、丸める、切る、形をつくる、目を描くなど、マジパンを作るうえで欠かせない動作を覚えなくてはなりません。マジパン細工棒を使いながら、手や指の動かし方、力の入れ方なども身につけます。

　そして、練習を繰り返していけば、ウェディングケーキにのせる新郎新婦やバラの花など、より複雑なマジパンも作れるようになります。

先生の一人が作った新郎新婦と赤ちゃん、バラのマジパン。ウェディングドレスやタキシード、二人の髪型や顔の表情、バラの花びらの色や形まで、とても細かく表現されています。チョコレートで文字を描くパイピングのプレートも見事です。

コラム7　ウェディングケーキ

二人の結婚を祝福する最高のウェディングケーキ

結婚式のセレモニーで使われるウェディングケーキは、新郎新婦にとって一生に一度の晴れの日をお祝いする大切なケーキ。二人の思いを形にするパティシエにとっても、イメージをふくらませてゼロからケーキを作り上げる貴重な経験になります。ここでは、世界の代表的な2つのウェディングケーキと、日本の最近のウェディングケーキを比べてみましょう。

イギリス伝統のウェディングケーキ

ラム酒に漬けこんだフルーツがたっぷり入ったフルーツケーキをアイシングでコーティングしたシュガーケーキは、砂糖菓子で飾られます。3段のケーキは、一番下を結婚式に出席した人が食べ、2段目は出席できなかった人に贈り、一番上は1年後の結婚記念日や最初の子どもの洗礼式まで取っておくのが伝統です。

フランスのクロカンブッシュ

小さなシュークリームを、アメなどを使ってつなぎながら、ピラミッドのように積み上げたお菓子です。シューはフランス語でキャベツのこと。欧米には、赤ちゃんはキャベツ畑で生まれるという言い伝えがあり、たくさんのシューには、たくさんの子宝に恵まれるようにという願いが込められています。新郎新婦が木づちで割りながら分け、参列客に配ります。

日本のウェディングケーキ

高さ数メートルという派手なウェディングケーキもありますが、最近は、セレモニーに使うだけでなく、みんなで一緒においしく食べられるケーキが人気です。新郎新婦のリクエストで多いのは、純白の生クリームと真っ赤ないちご。マジパンで作った新郎新婦が登場するのも定番です。マジパン細工のほかにも、アメ細工やチョコレート細工など、パティシエの創造力と高い技術が求められます。

コラム8　パティスリーの1日

パティスリーの1日

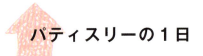

パティシエは、洋菓子専門店（パティスリー）だけでなく、レストランやホテルなど、さまざまな場所で活躍しています。ここでは、一般的なパティスリーの1日の流れを紹介します。

7:00　スタッフ出勤
コックコートに着替え、道具をそろえたり、材料を出したり、作業の準備を始める。

7:30　製造スタート
生クリームを泡立てる、クレーム・パティシエール（カスタードクリーム）を炊く、大量のいちごのヘタを取る、カットしたケーキを仕上げる、デコレーションケーキやロールケーキを作るなど、開店時にショーケースに並べるものを約3時間で用意する。バースデーケーキなど、特別な注文がある場合は、時間に間に合うように作る。

9:50　開店10分前
お店のショーケースに作ったものを並べる。

10:00　開店
オーブンを使い、タルトやジェノワーズ（スポンジ生地）、パウンドケーキ、シュークリーム、マドレーヌ、フィナンシェ、マカロン、クッキーなどの焼き菓子を作る。材料を計量したり、フルーツを切ったり、チョコレートと生クリームを使ってガナッシュクリームを作ったり、午後からの生菓子の仕込みの下準備をする。

13:00　スタッフ休憩（きゅうけい）
ランチを食べたり、雑誌を読んだり、スタッフが交代で休憩時間を取る。

14:00　午後の製造スタート
早めに売り切れた商品があれば追加で作る。ムースを仕込んだり、午前中に作った焼き菓子を包装したり、売れ行きを見ながら、夕方のピーク時に向けて商品を用意する。夕方に渡す注文のケーキがあればデコレーションの仕上げをする。在庫の状況を確認し、翌日必要な製菓材料やフルーツなどを発注する。

17:00　翌日の仕込みスタート
お店が落ち着いてくる時間なので、翌日の予約状況を確認し、仕込み作業を進める。ショートケーキにクレーム・シャンティ（ホイップクリーム）をサンドしたり、生クリームを計量したり、タルト生地を型にしきこんだり、チョコレートをテンパリングして飾りチョコを作ったり、翌朝に仕上げるケーキの準備をする。

20:00　片づけ開始
製造作業終了。洗いものやそうじなど、片づけをする。終わる時間はその日によって異なる。

21:00　閉店
簡単なミーティングをした後、スタッフが帰宅。

※製造・販売のすべてをパティシエやパートのスタッフが協力して行う。シフト制やローテーション制で勤務する場合もある。

ホテルで働くパティシエの場合

あるホテルでは、ショップに並べるケーキを15人のパティシエで朝一斉に作り、仕上げてショーケースに並べます。ホテルでは、見た目の美しさにこだわったケーキが多いので、手間がかかります。この作業が終わると、専門店と同じように生菓子と焼き菓子に担当が分かれますが、ホテルでは、それ以外に、レストランのデザートを作る担当があります。ランチビュッフェや宴会があれば、それに合わせたデザートをスタート時間までに全部作ります。コース料理であれば、午後2時か2時半までにデザートのパーツをそろえ、レストランのキッチンでデザート皿の上に盛り付ける仕上げまでをすべて担当します。

Chapitre III

パティシエへの道

パティシエは男女を問わず、人気の職業です。大好きなお菓子作りを仕事にしたいと、パティシエをめざす人は年々増えています。最終章では、どのようにしてパティシエになり、お菓子の世界で仕事を続けていくのかについて、わかりやすく説明します。

パティシエの資格

　パティシエになるために、絶対に取らなければならない資格はありませんが、多くのパティシエが、製菓衛生師、食品衛生責任者、菓子製造技能士などの国家資格を持っています。

◎製菓衛生師
　お菓子作りの技術や知識のほかに、公衆衛生学や衛生学、食品添加物など、食の安全についての専門知識を持っていることを証明する資格。店長になりたい、独立して自分のお店を持ちたいと思っている人は、取っておいたほうがよい。高校や専門学校などの製菓衛生師養成課程を修了後、国家試験を受ける。

◎食品衛生責任者
　食品の衛生上の安全を守る責任者の資格で、飲食店など、食品にかかわる事業所では必ず1人は必要となる。

◎菓子製造技能士
　一定レベル以上のお菓子作りの技術と知識を持っていることを証明する資格。2級と、さらに上級の1級がある。製菓の現場でパティシエや和菓子職人として働き、ある程度の経験を積んだのちに取得する場合が多い。

パティシエへの道　The Road to Pâtissier

 ## 学校で技術と知識を身につける

　パティシエになるには、街の洋菓子店やホテルなどで働く前に、学校でお菓子を作る基本的な技術と専門知識を学ぶのが一般的です。そして、紹介した資格のうち、製菓衛生師を取る人が大半です。製菓科のある高校で学ぶ人もいますが、普通の高校を卒業したあとに製菓専門学校で1年または2年学び、就職して修業を始める人が多いようです。

　中には4年制大学を卒業してから製菓専門学校に通う人もいますが、早くても23歳から修業を始めることになり、15歳や18歳から修業を始めている年下のパティシエと、経験年数が大きく違ってきます。

　「経験に勝る知識はない」といわれるように、知識の差は努力でいくらでもカバーできますが、修業年数を早送りすることはできません。それが職人の世界です。パティシエになると決心したなら、修業を始めるのは1年でも早いほうがよいでしょう。

　その意味で、15歳からお菓子の勉強を始められる高校の製菓科に進むことは、パティシエとしての将来を考えると、有利といえます。ただし、"製菓が学べる高校"でも、製菓衛生師の受験資格が得られる高校と、そうでない高校があります。パティシエになるために高校を選ぶなら、厚生労働省が「製菓衛生師養成施設」に指定していて、製菓衛生師の受験資格が得られる高校かどうかを必ず確認しましょう。パティシエへの近道になります。

 ## パティシエの修業の場

　就職して修業する場所としては、洋菓子店やパティスリー、ホテル、レストランのデザート部門のほかに、ウェディングサロンも考えられます。そこでは、結婚式で使われるウェディングケーキやデザート、引き出物などをすべて担当することになります。

　洋菓子店やパティスリーも、街の小さなケーキ屋さんから、高級な洋菓子専門店、大手のチェーン店までさまざまです。一人で仕込みから仕上げまで担当することもあれば、作る工程ごとに分かれて作業することもあり、お店

の大きさやスタッフの数によって、求められる仕事の内容も変わってきます。

　修業を始めたばかりのときは、誰よりも早く出勤して、お店のそうじや朝の準備をし、いちごのヘタを取ったり、卵を割ったり、先輩パティシエのために材料の計量をしたりといった雑用（ざつよう）が主な仕事です。

　それがこなせるようになると、工程ごとに分かれて作業するお店では、オーブンを使う「焼き場」、ムースやゼリーを型に流し込む「生場」、タルトやパイの生地を作る「のし場」、お菓子の仕上げなどを順番に担当していきます。

　約3年間で、これらの担当を一巡（いちじゅん）することになるので、一つのお店で3年がんばらなければ、そのお店の仕事をすべて知ることはできません。パティシエが3年くらい働くと別の職場にうつり、さらに経験を積むのはこのためです。お菓子に対する視点（してん）を変えるために、洋菓子専門店からホテルやレストランにうつるパティシエもいます。

🟡 パティシエのコンテスト

　身につけた技術やセンス、自分の実力を試すために、多くのパティシエが参加するのが、国内外で開催されるコンテストです。グランプリや金賞など、コンテストで賞を取ることは、パティシエとしての実力を認められること。自分に自信がつくだけでなく、働いているお店に人気が出たり、有名店やホテル、レストランなどから声をかけられ、引き抜かれたりすることもあります。

　高校生が参加できるコンテストも地域によっていろいろあり、優勝するとパリ研修旅行に行けるような全国規模の大会も開かれています。

　ここでは、特に有名なコンテストを紹介します。

◎クープ・デュ・モンド・ドゥ・ラ・パティスリー
　2年に一度、フランスで行われる世界的に有名なコンテスト。

◎ワールド・ペストリー・チーム・チャンピオンシップ（WPTC）
　クープ・デュ・モンドと並んで、とても有名な世界的コンテスト。2年に一度、アメリカで開かれる。

◎**ジャパン・ケーキショー東京**
　毎年、東京で開かれる国内最大の洋菓子コンテスト。都道府県大会などの予選はなく、直接コンテストに応募して参加する。

◎**西日本洋菓子コンテスト**
　大阪、兵庫、京都、奈良、滋賀、和歌山、岡山の7府県の洋菓子協会で共同開催され、1958年から続く歴史ある洋菓子コンテスト。

◎**各地方や都道府県で開催される洋菓子コンテスト**
　岡山県内の洋菓子店のパティシエが参加できる「岡山県洋菓子コンテスト」や「中四国ブロック洋菓子コンテスト」など、各地方、都道府県で独自に開かれている。

◎**高校生が参加できるコンテスト**
　全国規模で開かれる最大の大会が「貝印スイーツ甲子園」。高校生3人1組がチームとなり、世界に一つしかないスイーツを創作。日本を代表するパティシエたちが選考する。2人1組で出場し、和のスイーツで競う「全国和菓子甲子園」にも毎年多くの高校生が参加している。
　このほかにも、製菓材料メーカーなどの企業や、地方の団体が主催するコンテストが全国各地で開かれている。

パティシエという仕事の魅力

　人は、お菓子を食べなくても生きていけます。それなのに、こんなにも多くの人に愛されているのはなぜでしょうか。それは、スイーツが人を幸せにするからです。大好きなケーキを前にして悲しい顔をする人はいません。洋菓子店のショーケースでケーキを選んでいる人の顔もうれしそうです。お菓子は楽しい気持ち、うれしい気持ちで食べるものです。見た目の美しさと口に入れたときのおいしさで、一瞬にして人を笑顔にできる魔法のような力を持っています。そんなお菓子を作っているのがパティシエです。

洋菓子の基本となる材料は、砂糖、小麦粉、卵、バターの4つ。どれも家庭に必ずある、ごく普通の材料です。パティシエは、これらの分量や配分を変えるだけで、さまざまな形、食感、味わいのお菓子を作ることができます。磨いてきた技術やセンスを生かし、イメージをふくらませて、今まで誰も食べたことのないような新しいスイーツを、ゼロから自分の手で作り出すこともできます。そして、そのオリジナルスイーツが、また誰かを笑顔にする。パティシエは、人を幸せにする仕事です。

自分のお店を開業する

　パティシエをめざす人にとって、独立して自分のお店を持つことは夢の一つです。修業を積んでお菓子作りの技術やセンスを磨き、パティシエとして自信がついてくると、開業を考える人もいるでしょう。20代で独立する人もいれば、いろいろな洋菓子店で働いて修業を続け、40歳を過ぎてから自分のお店を出す人もいます。

　大都市にカフェを併設したパティスリーをオープンしたり、地元に小さな洋菓子店を開いたりするパティシエがいる一方で、最近では、お店を持たず、自宅に工房をつくってお菓子を作り、イベントなどだけで不定期に販売する人もいます。

　独立してオーナーパティシエになれば、自分の思い通りのお菓子作りができます。パティシエとして、その地域の人が求めているおいしいお菓子を作るだけでなく、経営者として、お店の宣伝やスタッフの教育、店舗の衛生管理などにも責任を持つことになります。

　お店を持つと、大変なこともありますが、自分の考えたお菓子がショーケースに並び、それを買ったお客さまの笑顔を見たとき、クリスマスやバレンタインに商品が飛ぶように売れたときなどは、修業時代には感じたことのない喜びや充実感が得られるでしょう。

パティシエは一生続けられる仕事？

　最初から何でも上手にできるパティシエはいません。先輩に教えてもらい、自分で何度も考え、失敗を繰り返しながら、少しずつ技術やセンスを身につけ、菓子職人としての自信をつけていきます。

　力がついてくると、まわりを見る余裕が生まれ、先輩が自分にしてくれたように、後輩に教えられるようになります。マジパン細工やアメ細工に挑戦したい、オリジナルケーキを作ってみたい、コンテストに出場したいと、次々に新しい目標が生まれます。小さなことの積み重ねで得られる達成感で、忙しい修業時代も、きっと充実したものになるでしょう。そして気がつくと、自分が成長していて、人から認められ、頼られる一人前の菓子職人になっています。

　パティシエには、洋菓子店以外にも活躍の場がたくさんあります。ホテルやレストラン、ウェディングサロンなども職場です。製菓材料を扱う会社でレシピを考案したり、コンビニスイーツのレシピを開発したり、お菓子メーカーで商品開発を担当したりと、いろいろな職場や職種で、お菓子とかかわることができます。

　最近は、お菓子教室のインストラクターになる人やカフェをオープンする人も多く、日本国内にとどまらず、お菓子の本場であるヨーロッパや、経済発展のめざましいアジア諸国などでも日本人パティシエが活躍しています。

　確かな技術と経験があれば、自分次第でいくらでも可能性を広げることができ、働く場所や、かかわり方を変えながら、ずっと続けていけるのがパティシエの仕事です。

おかやま山陽高校

大正13年（1924年）に創立。「自律創生」「信念貫徹」「共存共栄」を教育方針に掲げ、生徒一人ひとりの"持ち味"を生かし、社会に貢献できる人間性、豊かな人材を育てている。普通科進学コースをはじめ、普通科スポーツコース、自動車科、調理科など特色のある9コースで、学び、自身の未来を自分で切り開き、磨き、考え、行動する生徒を育てている。
所在地：岡山県浅口市鴨方町六条院中2069
電話：0865-44-3100
ホームページアドレス：http://www.okayama-sanyo-hs.ed.jp/

おかやま山陽高校 製菓科

中国・四国地方で唯一の製菓衛生師養成施設として、平成22年（2010年）に誕生。お菓子作りが大好きで、将来はパティシエになりたいという夢を持つ生徒が岡山県内外から集まり、自宅や寮から通う。在学中に製菓衛生師（国家資格）を取得でき、豊富な実習時間と補習授業で毎年のように合格率100％を達成。県内のプロのパティシエや和菓子職人、パン職人が講師として協力し、洋菓子だけでなく、和菓子やパンの製造も学ぶことで、知識・技術ともにパティシエの世界で求められる即戦力を養成する。高校生3人1組のチームが世界に一つのスイーツを創作して競う「貝印スイーツ甲子園」では何度も決勝大会に進み、第4回・9回大会では優勝、第5回大会では準優勝という実績を持つ。「高校生パティシエ選手権」でも最優秀賞ほか数々の受賞歴を誇り、平成30年（2018年）には第9回「全国和菓子甲子園」で初出場・初優勝を果たすなど、習得した確かな技術と豊かな発想力がコンクールでも高い評価を受ける。卒業生は県内外のパティスリー、和菓子店、ベーカリーなどの第一線で活躍している。

中学生のためのスイーツの教科書
13歳からのパティシエ修業

2018年12月24日　発行

編　　者──おかやま山陽高校製菓科
レシピ協力──宮脇 健寿
企　　画──香取犬四郎
発　　行──吉備人出版
　　　　　〒700-0823　岡山市北区丸の内2丁目11-22
　　　　　TEL 086-235-3456　FAX 086-234-3210
　　　　　ウェブサイト　http://www.kibito.co.jp
　　　　　Eメール　books@kibito.co.jp
印　　刷──株式会社三門印刷所
製　　本──日宝綜合製本株式会社

© Okayama Sanyo High School 2018, Printed in Japan
乱丁本、落丁本はお取り替えいたします。ご面倒ですが小社までご返送ください。
ISBN978-4-86069-456-2 C0077